KB231365

나는 글 쓰는 여자다

나는 글 쓰는 여자다

나는 글 쓰는 여자다

30일, 나를 들여다보는 글쓰기 수업

윤숙 지음

팬덤북스

Contents

여자에게 글쓰기가 필요한 이유

〈이야기 주머니〉라는 전래 동화가 있다. 그 동화 속 도령은 옛날이야기를 듣고 와 주머니에 가두고 절대로 꺼내는 법이 없었다. 세월이 지나도록 꺼내 놓지 않자 이야기들은 갑갑함을 견디지 못하고 여러 독으로 변해 도령을 공격했다. 구전된 이야기라 책마다 내용은 조금씩 다르지만 핵심은 이렇다.

"이야기를 가두면 자신을 해치는 독이 된다."

아줌마들은 독이 될 이야기들을 너무도 많이 품고 산다. 상처받은 이야기일수록 가슴속 깊은 곳에 가두어 둔다. 도령처럼 자기만 알고, 간직하고 싶은 욕심에 숨긴 것은 아니다. 괜히 이야기했다가 남편과 싸움만 되고, 시댁과 갈등만 일으킬까 싶어 넣어 두었을 뿐이다. 사랑하는 사람들과 갈등하고 싶지 않기 때문이다.

이렇게 이야기 하면 아줌마들처럼 말 많고 수다스러운 사람이 어디 있느냐고 할지도 모르겠다. 남편뿐 아니라 시댁 흉도 곧잘 보는데 무슨 말도 안 되는 소리냐며 따질 수도 있다. 앞에서도 이야기했지만, 아줌마들은 정작 하고 싶은 말, 해야 할 말에 대해서는 쉽게 입을 열지 못한다. 자신이 받은 상처에 대한 이야기는 더 그렇다.

그러다 보니 '난 왜 이렇게 살지?', '과연 내가 이 세상에 필요한 사람일까?', '이 세상에 밥하러 왔나?' 하는 생각을 하게 된다. 그러다 시간이 지나면 '나는 누구지?', '여태 뭐 하고 살았지?', '이제 뭘 할 수 있지?', '내가 잘하는 게 있긴 하나?' 하고 후회한다.

"이야기를 전하지 않는다는 것은 세상과 소통하기를 그친다는 뜻이다. 스스로 고립되어 외롭고 우울하고 답답해지게 될 터이니 해로운 일이 아닐 수 없다. 말은 '이야기를 가둔다'고 했지만 그것은 실제로는 '나를 가두는 것'과 다르지 않다고 할 수 있다." – 신동흔, 《옛 이야기의 힘》 중에서

이렇듯 이야기를 가두니 나를 가두게 되고, 잃어버리게 된 것이다. 가슴속 주머니에 꾹꾹 눌러 놓은 이야기는 갈등이 생기더라도 나를 잃지 않고 살기 위해 꼭 해야 하는 말들이다. 하지 못하고 눌러 놓기만 하니 우울이라는 독, 열등감이라는 독, 낮은 자존감이라는 독이 되

어 자신을 변하게 한 것이다.

이것이 아줌마, 당신이 글을 써야 하는 이유이고《나는 글 쓰는 여자다》의 목적이다. 실제로 아줌마들을 대상으로 글쓰기 수업을 해 보면 나중에는 눈빛부터가 달라져 있다. 글을 쓰면서 수도 없이 지우고, 생각하는 과정을 통해 가둔 이야기들을 풀어내고, 다시 일어설 힘을 얻는다. 남 앞에서는 하지 못했던 이야기, 가슴속에 묻어 둔 독이 된 이야기들을 풀어내면서 잃어버렸던 자신을 되찾아 간다. 독이 된 이야기들을 풀어내면 나를 찾는 힘이 생긴다.

문제는 시작이다. 연필과 종이만 있으면 어디서나 가능할 것 같던 글쓰기가 혼자하려면 어렵고, 잘 되지 않는다. 책에서는 글쓰기를 통해 자신을 찾을 수도 있고, 치유도 되고, 힐링도 되고, 자기 발전의 밑거름이 된다며 여러 방법을 알려 주지만 피부에 와 닿는 글쓰기는 아니다. 지금 당장 무엇을 써야 할지 알려 주면 좋겠지만, 그마저도 알 듯 말 듯 이야기하고 넘어간다.

《나는 글 쓰는 여자다》는 당신이 한 걸음 더 나아가려면 무엇을 써야 하는지, 어떤 글쓰기가 필요한지를 중점적으로 다룬다. 이 책은 글쓰기의 소질을 발견하는 책이 아니다. 글재주와도 상관없고 형식에 얽매일 필요도 없다. 자신을 위해 열심히 쓰겠다는 의지와 잔인할 정도로 솔직해지겠다는 마음만 있으면 된다.

어쩌다 자신을 잃어버렸는지 모르겠다면 당신의 이야기 주머니가

꽉 찼다는 증거이다. 이제 그 주머니를 풀어 세상으로 나갈 채비를 하자. 글을 쓰며 털어 낸 자리에 당신의 꿈을 담자.

"글쓰기 훈련은 세상과 자기 자신에 대해 마음을 지속적으로 열어 나가게 하고, 자기 내면의 목소리와 스스로에 대해 믿음을 키워나가는 과정이다." – 나탈리 골드버그, 《뼛속까지 내려가서 써라》 중에서

《나는 글 쓰는 여자다》
사용법

첫 책《아줌마 당신은 참 괜찮은 사람입니다》가 자기 계발 측면이 강한 개론서였다면《나는 글 쓰는 여자다》는 실용서이다. 자기 계발서를 읽고 나면 그 순간에는 '그래, 이 말은 잊지 말아야지' 하는데 곧 잊게 된다. 나 역시 마찬가지다. 잊지 않으려면 기록으로 남겨야 한다. 읽기에 그치면 순간의 깨달음이지만, 글로 남기면 진짜 자기 것이 된다. 글의 힘은 강하다.

<사용법>

◎ 읽으면서 쓰고, 쓰면서 읽기를 멈추지 말자!

중간에 '별걸 다 쓰라고 하네' 하며 건너뛰지 말고 질문마다 거듭 생각하고 여러 번 고쳐 쓰면서 생각을 정리해 나가자. 한번 쓰고 그만두면 자기 생각을 만들기 어렵다. 아줌마라는 신세계에서 잘 살려면 자기만의 철학이 필요하다. 자기 철학은 곧 삶의 태도로 이어진다. 글을 쓰게 되면 자신을 들여다보게 되고 그러면서 자기 철학이 만들어진다. 글쓰기는 정신을 비추는 거울임을 잊지 말자.

◎잔인할 정도로 솔직해지자!

글을 쓰기 시작하면 생각을 고르고, 말을 고르게 된다. 더 좋은 표현은 없는지 고민하게 된다. 유치해 보이지 않게, 그럴싸하게 쓰려고 한다. 그렇게 펜을 들면 그 많던 생각들은 다 어디로 가고 한두 줄밖에 남지 않는다.

남의 시선을 지나치게 의식해 혼자 쓰고 읽을 글에서조차 누가 볼 것 같아 솔직한 생각을 적지 않는 사람들이 있다. 계속해서 자신을 검열한다. 이렇게 방어적인 태도로 글을 쓰면 얻을 수 있는 것이 없다. 자신을 내놓는 만큼 얻어 가고, 내려놓는 만큼 올라갈 수 있음을 기억하자.

◎책을 함부로 대하자!

책도 소모품이다. 제대로 쓰일 때 가치가 있다. 'Action' 칸이 작게 느껴지면 별도의 종이를 준비해 열정적으로 쓰자. '책은 깨끗하게 봐야 한다'는 고정 관념은 버리자. 나의 경우 마음에 와 닿는 글을 발견하면 아예 그 장은 오려서 냉장고나 싱크대, 가스레인지 옆에 붙여 두고 오가면서 읽는다. 그래서 어떤 책은 펼치면 곳곳에 테이프 자국이 있다. 꿈꾸는 아줌마라면 책장을 넘겼을 때 열정이 보여야 한다.

◎ 여럿이 모여 함께하자!

자신을 들여다보는 일이라 혼자해도 무방하지만, 가능하다면 여럿이서 함께 하자. 여럿이 함께 하면 혼자일 때보다 행복한 척, 아무 일 없는 척하는 '척' 가면을 벗기가 어렵다. 하지만 가면을 벗지 않으면 진짜 나를 볼 수도 찾을 수도 없다. 여럿이 함께 하면 혼자 글을 쓸 때보다 더 열심히 쓰게 되고 한번이라도 더 생각하게 되고, 쓴 글을 남들 앞에서 읽으며 정리하게 된다. 그런 과정이 자신과 적당한 거리를 갖게 한다.

다른 사람들 앞에서 자신의 글을 읽는다는 것은 앞으로 나아가기 위한 고백을 넘어 세상에 하는 공표와도 같다. 소리 내어 읽으면 글로만 썼을 때보다 몇 배는 더 강력한 힘이 생긴다. 일주일에 한 번도 좋고, 두 번도 좋다. 모여서 함께 쓴 글을 읽어라.

이 책은 '나를 찾아가는 여정'을 돕는 글쓰기 책이다. 때로는 마주하기 싫은 모습을 보게 될 수도 있지만, 그것 역시 자신임을 잊지 않기 바란다. 다른 사람들이 '당신은 어떤 사람이야'라고 말하는 것은 중요

하지 않다. 스스로 '나는 어떤 사람이다'라고 말할 수 있어야 한다. 아
내라는 이름에, 엄마라는 이름에, 며느리라는 세상의 틀에 더는 휘둘
리지 마라. 자신을 정의할 수 있는 사람은 오직 자신뿐이다. 이야기를
풀어 자신을 똑바로 보고, 우뚝 세우길 진심으로 바란다.

Chapter 17

나를 잃어버린
지난날에 대하여

잃어버린 이름, 다시 부르는 이름

김춘수의 시 〈꽃〉에도 나오지만, 이름은 누군가 불러 주었을 때 비로소 의미가 생긴다. 수많은 사람 중에서 유일한 사람이 된다. 예를 들어 좋아하는 사람이 있다고 치자. 상대는 나를 모를 것이라고 생각했는데, 그가 나의 이름을 알고 불러 준다면 어떨까. 단순한 호명 그 이상일 것이다. 나의 존재를 '안다'는 의미로 해석될 테니 말이다. 이렇듯 이름은 존재를 증명한다.

부모들은 자녀가 세상에 태어나 언제나 인정받고, 사랑받는 사람으로 살아가길 바라면서 이름 안에 다양한 바람과 소망을 담는다. 하지만 정작 당사자들은 나이가 들면서 자신의 이름을 잊고 살게 된다. 이름이 있기는 하지만, 누군가의 아내 혹은 엄마로 불리며 살아가는 데 익숙해진다. 그 결과 어느 순간부터 아이의 이름이 자기 이름을 대신하고, 급기야 밖에서 자기 이름이 불리면 어색해한다.

부부 사이도 마찬가지다. 서로의 멀쩡한 이름을 놔두고 '누구 엄마', '누구 아빠'라고 부른다. 그렇게 부르지 않아도 본인들이 엄마, 아빠임은 변하지 않는데 말이다.

사람은 각자의 이름으로 불려야 한다. 그래야 이름값 하면서 살게 된다. 이름은 많이 불리고 쓰일수록 덕이 쌓인다고 한다. 그래서 연예인들은 한번 들으면 쉽게 잊히지 않는 이름으로 개명하기도 한다. 불러 주는 사람이 많을수록 성공하기 때문이다. 그런데도 아줌마들은 그렇게 중요한 이름을 잊고 산다.

그래서 아줌마 글쓰기 첫 번째 수업은 이름 불러 주기로 시작된다. 강의를 하다가도 돌아가면서 이름을 쭉 외워 보라고 무작위로 시킨다. 첫날 그렇게 외우고 나면 끝날 때까지 서로의 이름을 잊지 않고 불러 주게 된다. 그러자 어떤 아줌마는 아이의 이름으로만 살다가 진짜 자기 이름을 찾은 것 같다며 기뻐했다.

한번 생각해 보자. 당신은 하루에 몇 번이나 자신의 이름으로 사는가. 하루에 자신의 이름이 몇 번이나 불리는가. 하루에도 몇 번씩 불러 줄 사람이 없다면 스스로 불러 주자. 노트를 펼쳐 이름을 쓰면서 소리 내 읽어 가자. '복이 되라. 덕이 되라. 방황하지 마라. 더는 무의미한 이름이 아니다'라고 되뇌면서 100번을 써 내려 가자.

첫 번째 글쓰기는 '자신의 이름 쓰기'로 시작한다. 싱겁다고 생각할 수도 있지만, 해 보면 뭔가 뭉클한 것이 있다. 자기 이름을 쓰고 소리 내어 읽다 보면 알 수 없는 감정이 밀려와 눈물이 왈칵 쏟아지기도 한다. 자신을 찾아가는 여정은 이름을 부르는 데서 시작된다. 나에게조차 잊힌 내 이름을 지금 불러내자.

  내 이름

✏️

> # Tip. *이름 쓰기를 즐겨라* ✏️
>
> 나는 내 이름 쓰기를 즐긴다. 쓸 수 있는 곳에는 죄다 내 이름을 적는다. 아이들 유치원이나 학교 담임 선생님께 보내는 쪽지나 편지 등에도 '○○ 엄마'라고만 쓰지 않고, '○○ 엄마, 윤숙'이라고 쓴다. 아이 문제로 전화를 할 때도 '○○ 엄마, 윤숙인데요'라고 한다. 그랬더니 어느 날, 아이가 물었다.
>
> "엄마는 왜 꼭 엄마 이름을 써? 다른 엄마들은 그렇게 안 쓰던데."
>
> 나는 대답했다.
>
> "네 엄마이기 이전에 난 윤숙이야. 내 이름이 있는데 ○○ 엄마라고만 쓰면 그게 더 이상하지 않니? 이름이 있으니 밝히는 게 당연하잖아!"
>
> 어떤 아줌마는 주민 센터에 아이를 데리고 볼일을 보러 갔는데, ○○○ 씨 하고 부르자 아이가 놀랐다고 한다. 엄마 이름을 몰라서가 아니다. 밖에서 엄마 이름이 불리는 것이 낯설어서다. 우스갯소리처럼 말했지만 어쩐지 씁쓸해 보였다. 평소에도 자신의 이름을 즐겨 써라. 이름은 누구에게나 특별하다. 한번뿐인 생은 이름과 함께 시작된다.

젊은 사람들에게 자기소개를 하라고 하면 가족 소개는 간단하게 하거나 빼고 자기가 좋아하는 음식, 잘하는 것, 가고 싶은 곳, 하고 싶은 것, 특기 등을 넣어 이야기한다. 그렇다면 아줌마들은 어떨까. 아줌마들은 본인보다는 자신을 둘러싼 환경과 가족 위주로 이야기한다. 자신에 대한 이야기는 쏙 빼놓는다. 첫 번째 주자가 어떻게 소개하느냐에 따라 달라지기는 하지만, 가족 중심의 판에 박힌 자기소개가 대부분이다. 결혼 후 관심의 대상이 '나'에서 '남'이 된지 오래기 때문이다.

그래서 아줌마들과 수업할 때는 자기소개를 맨 마지막으로 미룬다. 소개라고 해 봤자 대부분 남편 직업, 자기 직업, 아이들은 몇 살인지 등이다. 그러다 보니 정작 중요한 것은 알지 못하고 선입견만 생기기 쉽다. 오히려 서로의 이름만 알고 시작하는 편이 상대에게 훨씬 집중하게 만든다. 감정 표현도 충실해진다.

그러다 마지막 수업에 자기소개를 가져 보면 확실히 내실이 생긴다. 그동안 글쓰기를 통해 들여다본 자신이 이야기가 중심이 돼 서로에게 많은 것을 느끼게 한다. 그래서 첫 수업에는 자기소개 대신 다음의 숙제를 발표한다.

'5장의 사진으로 나를 이야기하기!'

자신을 표현할 수 있는 것들을 찾아 사진 찍고 글로 써 오는 것이다. 사진을 찍으라고 하는 이유는 글쓰기의 막막함을 줄이기 위해서다. 처음부터 아무 재료도 없이 쓰려면 막막한데, 이때 사진이 있으면 글이 술술 풀린다. 사진을 보면서 쓰면 미처 생각하지 못했던 것을 발견하게 된다. 물론, 이때도 가족과 관계된 것은 안 된다. 오직 자신에 관한 것이어야 한다. 쉬울 수도 있지만, 누군가는 어려워 친구에게 전화하기도 하고, 남편을 붙잡고 묻기도 한다. 가능하다면 혼자서 찾아보자. 자신을 어떤 사물로, 어떻게 표현할 수 있을지 집안 곳곳 혹은 주변을 다니며 고민해 보자.

그런 다음 찍은 사진을 보며 글을 써 보자. 아무것도 없이 글을 쓸 때보다 훨씬 더 풍부한 이야깃거리가 나올 것이다. 미처 생각해 보지 못했던 이야기들이 쏟아져 나온다. 글을 쓸 때는 하나의 사진에서 여러 이야기를 끄집어내 다양한 기억들과 연결해 보면 좋다. 기억들이 연결되어 말이 되느냐 되지 않느냐는 그다음 문제다. 우선은 길게 써서 자신의 마음을 들여다보아야 한다.

한 예로 자전거에 대한 글을 쓴다면 처음 자전거를 배웠던 기억, 자전거를 가르쳐 주신 아버지, 자전거를 타다가 넘어져 무릎에 큰 상처가 났던 기억, 대학 시절 엠티를 가서 같은 과 남학생과 2인용 자전거를 탔던 기억 등 수없이 많을 것이다. 그렇게 연상되는 것을 있는 그대로 다 쓰면 된다.

글을 쓰다 보면 꿈의 목록에 넣을 수 있는 것들도 발견하게 된다. 별 것 아닌 듯 보이지만 사진 한 장이 과거로의 여행을 돕기도 하고, 현재 자신의 모습을 비추기도 하고, 미래를 계획하게도 한다.

자전거	운전면허는 있지만 차를 모는 것이 두려워 항상 자전거를 타고 다닌다. 장을 보러 갈 때, 은행에 갈 때뿐만 아니라 작은아이를 유치원에 데려다주고 데려올 때도 자전거를 이용한다. 그러던 어느 날 자전거를 타고 첫째 아이 학부모 모임에 갔다. 커피를 마시며 한참 수다를 떨고 나와서 보니 다들 차를 가져왔는데 나만 자전거를 타고 와 있었다. 결국, 다른 엄마들이 다 갈 때까지 기다렸다가 자전거를 타고 집으로 왔는데 기분이 좀 그랬다. 오는 내내 '옆집 누구 엄마도 타고 다니는데 나는 그깟 운전도 못하나' 하는 생각이 떠나지 않았다. 내일부터라도 당장 운전 연습을 해야겠다.
얽힌 전기선	요즘 나의 심정이다. 어디에 코드를 꽂아야 불이 들어올지 모르겠다. 할 일은 많은데 마음 한구석이 엉켜 버린 것 같다. 정리하고 싶은데, 제자리를 찾고 싶은데 뜻대로 되지 않는다. 그래서인지 아이들에게 짜증이 늘었다.
버려진 강아지 인형	재활용 쓰레기 버리는 날 발견한 인형이다. 처음에는 주인에게 얼마나 사랑받았을까. 지금은 때가 타고 먼지가 잔뜩 앉아서 아무도 사랑해 주지 않지만 말이다. 그 처지가 꼭 요즘의 나 같다.
돌멩이	길가에 뒹구는 돌도 다 이유가 있어 거기 있다는데, 나는 왜 여기 있는 것일까. 아무리 생각해도 나름의 쓸모를 찾지 못하겠다. 엄마의 이름으로 사는 일이 버겁다. 어느새 나의 이름은 '엄마'가 된 듯하다. 매일 수십 번, 아니 수백 번 엄마 소리를 듣는다. 엄마 말고 내 이름으로 살고 싶다. 돌멩이처럼 단단해지고 싶다.
그림 도구	오래전부터 그림이 그리고 싶었다. 재능이 있는지는 모르겠다. 아이와 그림을 그릴 때면 내가 더 신이 난다. 그림을 그다 보면 기분이 좋아진다. 그런 나를 보며 아버지는 '그림은 딴따라나 하는 짓거리'라며 좋아하지 않으셨다. 그림 도구를 보면 문득 그때의 아버지, 그림을 그리고 싶어 하던 어린 시절의 내가 떠오른다.

 사진으로 보는 나의 이야기

〈사진〉

〈사진〉

<사진>

<사진>

〈사진〉

수업 중 다음의 질문을 숙제로 내주면 앙케트 조사에 답하듯 신나게 적어 가는 사람이 있는가 하면 적기 힘들어하는 사람도 있다. 다음은 자신의 평균값을 알기 위한 질문이다. 질문의 답은 비중이 높은 순서대로 적어 보자.

Action 1-3　**결혼 후 좋은 점과 싫은 점(각각 다섯 가지 이상)**

대개는 결혼해서 좋은 점이 싫은 점이 된다. 가장 많은 답변 중 하나가 '항상 같이 있는 사람이 있어 좋다/ 구속하는 사람이 있어 자유가 없다, 혼자 여행을 가지 못해 싫다'이다. '돈을 벌어야 한다는 경제적인 부담에서 벗어나 좋다/ 출산 등의 이유로 일을 그만둔 게 싫다'도 그 뒤를 잇는다. '나만의 가족이 생겨서 좋다/ 매주 혹은 정기적으로 시댁을 가야 하는 게 싫다'는 답변도 있다.

답변을 들어 보면 결혼해서 좋은 점과 싫은 점이 동전의 양면과도 같다. 좋은 점을 뒤집으면 싫은 점이 된다. 그 말은 싫은 점을 뒤집으면 좋은 점이 된다는 뜻이기도 하다. 노력에 따라 얼마든지 바뀔 수 있다.

마음대로 여행을 다닐 수 없는 것이 불만이라면 싸워서라도 가면 된다. 사실은 보내 주지 않아서 못 가는 것이 아니라 싸우기 싫어서, 자녀들 때문에 안 될 것이 뻔하니 시도조차 하지 않는 경우가 많다. 지레짐작하고 부딪쳐 보려고도 하지 않는다. 그것도 아니라면 그저 말로만 '가고 싶다'고 되풀이 하는 경우다. 꼭 하고 싶은 일이라면 억지를 부려서라도 하지 않겠는가.

결혼 생활의 싫은 점을 줄이려면 'YES'를 남용하지 않아야 한다. 매주 시댁에 가야 한다는 아줌마들이 있는데 이야기를 들어 보면 아주 죽을 맛이라고 한다. 주말에 편히 누워 텔레비전도 보고, 가족들끼리 외식도 하고 장도 보고 싶은데 효자 남편과 살다 보니 그럴 수가 없단다.

한번 생각해 보자. 시댁에는 꼭 다 같이 가야 할까. 그렇지 않다. 효자 남편은 아들의 역할과 책임을 다하게 하고 본인은 가끔 쉬어도 된다. 상대방의 기분을 생각해 YES만 하면 결혼 생활이 피곤해진다. YES가 많을수록 싫은 점이 많을수밖에 없다. 그러니 너무 다 잘하려고 하지 말자. 길게 보면 행복한 결혼 생활을 위해서는 YES만큼이나 'NO'를 외치는 용기도 필요하다.

내가 타인에게 가장 많이 하는 말

~~~~~~

위 질문은 평소 당신의 언어 습관을 되돌아보기 위해서다. 평소 당신은 긍정적인 말을 하는 즐겨 하는가, 아니면 부정적인 말을 즐겨 하는가.

말은 메아리가 되어 돌아온다. 내가 듣기 싫은 말은 상대도 듣기 싫다. 반대로 내가 듣고 싶어 하는 말은 상대도 듣기 좋아한다. 내가 바뀌면 주변도 점차 바뀐다.
~~~~~~

대개 이 질문에는 아이 혹은 남편, 즉 가족들이라고 적는데, 가족 외에 다른 사람은 없는가. 친구들 중 떠오르는 사람은 없었는가. 아줌마로 살다 보면 친구의 소중함을 잊기 쉬운데, 가족도 소중하지만 때로는 친구도 필요하다.

결혼을 하고 가정을 꾸리다 보면 친구들과의 교류가 줄어들 수밖에 없다. 자주 봐야 할 이야기도 많은데 그러지 못하니 궁금한 것도 없어진다. 아무리 가까웠던 사이라 해도 데면데면해지기 마련이다.

특히 여자들은 출산을 통해 많은 변화가 일어나는데 대인 관계도 그중 하나이다. 나의 친구보다는 자녀 중심으로 새로운 관계를 형성한다. 비슷한 또래 아이들이 있는 엄마들과 말이다. 물론, 나쁘지 않다. 다만 '아이'로 묶인 관계에는 한계가 있다. 누구의 엄마가 아닌 내 이름으로 사귄 사람과는 차이가 있다. 그러니 친구의 끈도 놓지 말아야 한다. 처한 상황이 달라 당장은 만나기 힘들다면 연락만이라도 지

속해야 한다. 나의 본래 모습을 알고 있는 친구는 삶에 좋은 자극이
된다. 그런 친구 없이 늙어 가는 일은 생각만 해도 슬프다.

 롤 모델

삶에 롤 모델이 있다는 것은 나침반을 가지고 길을 간다는 의미이
다. 위 질문에 대한 이야기는 뒤에서 자세히 다뤄진다.

 당신은 한 해 동안 어떤 책, 어느 분야의 책을 읽었는가?

책을 읽지 않는 것은 간혹 정신적 죽음에 비유되기도 한다. 사람이 성장하기 위해서 책은 필수 요건이다. 그렇다면 한 해 동안 무슨 책을 읽었는지 찾아보자. 1년간 도서관에서 빌려 읽거나 서점 등에서 구입한 책의 목록을 나열해 보자. 그중 몇 권이 책장에 있는지 살펴보자. 학창 시절 혹은 직장 생활 초기에 샀던 책들만 자리하고 있지는 않은가. 연간 독서 목록은 답답한 현실을 잊기 위해 말로만 떠드는 꿈인지, 진짜 이뤄 갈 의지가 있는 꿈인지를 살피는 척도가 된다.

구입하거나 빌려 읽은 책의 목록을 보면 자신의 관심사를 알 수 있다. 관심사를 안다는 것은 나아갈 길을 가늠하는 데 도움이 된다. 하고 싶은 일이 있다면 적어도 그와 관련된 책을 해마다 20권은 읽어야 한다. 그 안에는 미리 준비하라는 의미도 있지만, 정말 자신이 가고 싶은 길이 맞는지 확인해 보라는 뜻도 담겨 있다.

차동엽의 《무지개 원리》를 보면 'GIGO' 원리가 나온다. 'Good In, Good Out', 좋은 것이 들어가야 좋은 것이 나온다는 말이다. 그러니 멈추지 않고 나아갈 힘을 얻으려면, 멈추었다가도 다시 일어설 힘이 필요하다면 좋은 것을 집어넣어야 한다.

물론 책을 읽는다고 해서 당장에 밥이 나오거나 떡이 나오는 것은 아니지만, 독서는 꿈을 구체화하는 방법임에 틀림없다. 자신의 꿈과 독서 방향이 일치하는지 이를 계기로 한번 살펴보자. 만약 다르다면 꿈을 수정해야 할지 독서 방향을 수정해야 할지도 같이 고민해 보자.

스마트폰으로 많은 일을 할 수 있는 시대가 되었다. 장도 보고, 은행 업무도 보고, 책도 읽고, 세상 돌아가는 일도 알게 되었다. 그렇다면 당신은 일 년 동안 무엇을 가장 많이 검색했을까. 종일 쥐고 있는 스마트폰의 검색 내용이 자신의 실질적인 관심사를 나타낸다.

여자는 결혼과 동시에 가정에 집중하게 되는데, 특히 집안 살림을 꾸려 가려면 사야할 것이 참 많다. 그래서 대부분의 답변 안에는 '쇼핑'이 들어가기 마련이다. 인터넷 쇼핑은 여러모로 이득이다. 시간과 공간에 제약 없이 필요한 것을 살 수도 있고 가격도 저렴하다. 한자리에서 다양한 상품을 비교하는 것도 가능하다.

하지만 이 모든 것이 가능한 인터넷 쇼핑에도 단점이 있는데 시간을 잡아먹기가 좋다는 것이다. 1~2만 원짜리 하나 사는 데 반나절이 걸릴 수도 있다. 상품평을 찾아 읽고, 가격 비교하고, 장바구니에 넣었다가 택배비가 아까워 묶음 배송할 것 없나 찾다 보면 금세 시간이 지나간다. 몇백 원에서 몇천 원 더 아끼려다가 시간만 버리기 쉽다. 현재 국가에서 정한 시간당 최저 임금은 6,030원 (2016년 기준)인데 그동안 쇼핑하느라 허비한 시간을 돈으로 계산해 보자.

쇼핑을 제외한 나머지 항목들에는 어떤 것이 있는가. 연예인 기사, 포털 사이트의 실시간 검색어가 자리하고 있지는 않은가. 이것들을 놓고 보면 지금 당신의 위치가 보일 것이다. 미래는 준비하는 자에게만 주어진다. 아이들이 다 컸다고 해서, 시간이 주어진다고 꿈꾸는 '무엇'이 되지 않는다.

스마트폰으로는 자신의 꿈과 연관된 기관 혹은 단체 관련 정보를 즐겨 찾기 하여 수시로 올라오는 소식들을 접해야 한다. 이것이 스마트폰의 최대 장점이 아닌가. 큰 시간을 들이지 않고 새로운 소식 및 정보를 빠르게 알 수 있다는 것. 작은 관심이 많은 것을 변하게 한다. 그럼에도 연예, 각종 사건 사고에만 손이 간다면 자신의 미래에 대해 진지하게 고민해 보자.

"분명한 것은 지금 이 순간의 선택이 모여 앞날의 우리 삶을 결정한다는 사실이다. 당신이 원하는 삶이 있다면 지금 그곳으로 가는 길을 선택하라." – 데비 포드, 《질문에 답할 수 있다면 내 삶은 괜찮은 것이다》 중에서

　　당신은 무엇을 했을 때 가장 기분이 좋은가?

‘무엇을 하면 → 기분이 좋아진다’의 공식을 알고 있는가. 대부분의 아줌마들이 가족의 기호는 줄줄이 꿰고 있으면서도 자신의 기호에 대해서는 알지 못한다.

기분이 좋아지는 일이 무엇인지 알면 하고 싶은 일이 무엇인지도 알 수 있다. 어떤 사람은 요리하면 기분이 좋아지고, 어떤 사람은 다른 이들을 위해 봉사하면 기분이 좋아진다. 사람들과 만나 이야기를 나눌 때 기분이 좋아지는 사람도 있다. 했을 때 기분 좋은 일이 직업이 되면 성공할 확률도 높아진다. 자신을 기분 좋게 하는 일을 쓰고, 직업과 어떻게 연결시킬 수 있을지 고민해 보자.

　　시간의 대부분을 어떤 일에 쓰는가?

선택하지 않은 듯 보이지만, 우리는 매 순간 선택한다. 대부분이 무의식적으로 이루어지기 때문에 그렇게 생각하지 않을 뿐이다. 하다못해 아침에 일어나 커피를 마실지 물을 마실지도 선택하지 않는가.

일도 마찬가지다. 살수록 꿈이 멀게만 느껴진다면 자신이 가진 우선순위를 살펴보자. 무의식적으로, 습관적으로 하던 일을 먼저 하고 나면 꿈을 위해 쓸 시간은 존재하지 않는다. 나아가기 위해서는 의도적인 선택이 필요하다. 다른 데 쓰는 시간을 줄이고, 꿈을 위해 쓰는 시간을 늘리는 계획이 필요하다. 꿈이 있다면 의도적인 선택을 매일 하나씩 늘려 나가자.

앞에서 한 대답들이 현재 당신의 평균값이다. 오늘의 나는 나를 위해, 내 꿈을 위해 열심히 살아가고 있는지 스스로에게 물어보자.

나의 하루는 어떤 모습일까

아침에 눈을 떠서 잠들기 전까지 무엇을 하는지 글로 써 보자. 그러면 자신의 모습을 객관적으로 볼 수 있다. 이때, 자신은 '나'라는 1인칭 대신 '이름'을 넣어 3인칭으로 표현해야 한다. 그렇게 되면 '나는'으로 시작할 때보다 관찰자의 입장에서 일상을 쓰게 된다. 한 편의 소설을 쓰는 듯한 기분으로 자신의 일상을 기록해 보자.

일기를 쓰듯 상세히 적는 것이 좋다. 혼잣말도 적고, 누군가와 나눈 대화도 적고, 일상을 돌아보게 하는 사소한 것까지 글로 써 보자.

Action 1-11   **나의 하루**

미경은 아침에 눈을 떠 가장 먼저 시계를 본다. 그리고 세수도 생략하고 쌀을 씻어 밥을 앉히고 남편과 아이들을 깨운다. 미경의 아침은 언제나 분주하다. 모두가 나가고 나서 그녀는 커피 한잔을 마신다.(……) 저녁이 되어 모두가 잠이 들고 혼자 멍하니 앉아 있다. 그냥 잠들기에는 어딘지 허전한 느낌이다. 미경은 휴대폰을 만지작거린다. 메신저에 뜬 친구 목록을 살피며 그들의 상태 메시지를 확인한다. 무슨 일이 있는지 짐작해 본다. 그러다 자신의 상태 메시지 '우울해'에 눈이 간다.

'누가 보면 무슨 사연이라도 있는 줄 알겠네.'

미경은 혼자 중얼거리다가 상태 메시지를 바꿔 놓는다.

'사람은 저마다 섬이 있다'

그녀는 한참을 망설이다가 확인 버튼을 누른다. 미경은 요즘 들어 부쩍 남편과 사이가 좋지 않다.(……) 미경은 잠자리에 누워 뒤척인다.

3인칭으로 일상을 적고 난 뒤 하루 중에 자신을 위한 시간이 얼마나 되었는지 살펴보자. 남는 시간이 있음에도 어영부영 흘려보내고 있지는 않은가. '시간이 없다. 바쁘다'라는 핑계를 입에 달고서 말이다.

시간은 강물과도 같다. 평온해 보이지만 쉬지 않고 늘 흐른다. 그러니 그냥 흘러가게 두어서는 안 된다. 무의미하게 흘러가지 않도록 계획을 세우자. 그러려면 글을 써서 기록해야 한다.

한 지인의 다이어리를 보고 깜짝 놀란 적이 있다. 다이어리에는 해야 할 일뿐만 아니라 한 일 등이 빼곡하게 적혀 있었는데, 그 안에는 읽어야 하는 책의 목록도 있었다. 하루를 시간 단위로 쪼개 무엇을 해야 할지 고민하고 움직인 결과이다.

당신이 꿈꾸는 사람이라면 하루를 어떻게 보내야 하는지 계획해야 한다. 사소한 하루가 모여 소중한 미래가 된다. 인생의 후반기를 어떻게 보내고 있을지 궁금하다면 멀리 갈 필요도 없이 오늘을 보면 된다.

"만약 현재 자신이 왜 이렇게 되었는지 알고 싶다면, 과거에 해 온 선택을 살펴보면 된다. 현재 자신을 둘러싼 환경을 유심히 살펴보면 지금 서 있는 곳은 어제 내린 결정과 그전에 지나온 나날의 결과물임을 알게 될 것이다. 마찬가지로, 미래에 자신이 어떤 모습일지 알고 싶다면 오늘 어떤 선택을 하고 있는지 살펴보면 된다." - 데비 포드, 《질문에 답할 수 있다면 내 삶은 괜찮은 것이다》 중에서

| Action 1-12 | 하루 일과표 🕐 |

시 간	할 일

자신의 하루를 살펴봤다면 일과표로 빈틈없이 정리해 보자. 현재 시간을 알차게 쓰고 있다면 그대로 적어도 무방하다. 그렇지 않다면 방학 계획표처럼 부족한 부분을 보완한 앞으로의 계획을 적어 보자. 단, 여기에 반드시 넣어야 하는 것이 있다. 바로 자신만을 위한 시간이다. 그 시간은 한눈에 보이도록 형광펜으로 표시해 두자. 지금까지는 혼자 앉아 무언가를 할 시간이 따로 정해져 있지 않고 대부분 상황에 맞춰 그 시간을 정했을 것이다.

돈을 모으기 위해서 저축하는 사람들을 보면 목표 금액을 정한 뒤 수입에서 월 얼마를 계산해 미리 떼어 놓고 남은 금액에서 지출한다. 시간도 마찬가지다. 다 쓰고 남은 것을 활용할 것이 아니라 처음부터 일정 시간을 따로 떼어 놓아야 한다.

나의 경우 아이들이 어려 일을 그만두어 전업주부일 때도 나만의 시간을 정해 두었다. 저녁 9시부터는 무조건 '엄마의 시간'이라고 아이들에게도 못 박아 두었다. 그렇게 되니 아이들은 9시가 되면 꼼짝

없이 자기 방으로 가야 했다. '잠이 안 와요. 조금 더 있다가 자면 안 되요?'라고 불평할 때는 이렇게 대처했다.

"9시 이후부터는 엄마의 시간이야. 알지? 엄마에게도 시간이 필요해. 그래야 너희들이 다 컸을 때 엄마도 하고 싶은 일을 하지. 네가 많은 시간을 들여 태권도 유단자가 되어 뿌듯한 것처럼 엄마도 인생의 유단자가 되고 싶어. 그러려면 시간이 필요해. 낮에는 너랑 이것저것 하느라 시간이 없잖아. 그러니 엄마는 네가 자는 시간을 써야만 해. 일찍 자면 너는 키가 커서 좋고 엄마는 그 시간만큼 성장할 수 있지 않을까?"

지금도 아이는 늦게 자고 싶어 하지만, 어릴 적 버릇이 그대로 남아 9시만 되면 자동으로 하품을 한다. 사람은 자기 시간이 있어야 마음의 소리에 귀를 기울일 수 있고, 차분히 계획도 하게 된다.

 나 사용 설명서

상황	UP	DOWN

상황	UP	DOWN
음식을 먹을 때	**남편** 오늘 특별히 맛있는데! 고마워. **아이** 맛있어요! 이거 먹고 싶었는데.	**남편** 뭐야? 또 이거야. 당신은 이 요리밖에 할 줄 몰라? **아이** 뭔가 맛이 이상해요. 이거 말고 다른 반찬은 없어요?
집이 지저분할 때	**남편** 오늘 바빴나 보네. 좀 있다가 같이 치우자. **아이** 엄마, 제 방은 제가 치울게요.	**남편** 종일 뭘 했기에 집이 이 모양이야. **아이** 엄마 내 방 안 치웠어요? 집이 왜 이렇게 지저분해요.
모임 후 늦은 귀가 시	**남편** 데리러 갈까 물어보려고 했는데, 당신 편히 놀라고 연락 안 했지. 어서 씻고 자자. **아이** 엄마, 오늘 기분 좋았어요? 나 밥도 챙겨 먹고, 설거지도 다 해 놨어요.	**남편** 애 엄마라는 사람이 이 시간까지 술까지 퍼 마시고 아주 잘하는 짓이다. **아이** 엄마, 나 아무것도 안 먹었어요. 배고파 죽겠다고요.
혼자 여행가겠다고 했을 때	**남편** 그거 좋은 생각이야. 당신에게도 시간이 필요할 거야. 당신 다녀오는 동안 일찍 퇴근해서 아이들 잘 돌보고 있을게. **아이** 엄마, 아빠 말씀 잘 듣고 있을 게요. 걱정 말고 다녀오세요.	**남편** 말도 안 되는 소리 하고 있네. 그럼 밥은 누가 해? 빨래는? 세상이 얼마나 무서운 곳인지 당신이 알기나 해? 무슨 바람이 들었는지 모르지만 안 돼! **아이** 밥은 누가 줘요? 아빠는 밥할 줄 모르잖아요.

끝으로 '나를 사용하는 방법'에 대해 생각해 보자. 어떻게 하면 나를 올바르게 사용하는지 자신을 포함, 가족들은 알고 있는가. 어떤 말이 기분을 좋게 하고 나쁘게 하는지 알고 있는가. 앞의 예시처럼 상황별로 정리해 보지 않았다면 자신도 모를 수 있으니 곰곰이 생각하면서 써 보자. (이때, 남편과 아이로 구분해서 정리할 것을 추천한다.)

처음에는 '이게 다 뭐야?' 하는 반응을 보이겠지만, 잘 정리해서 눈에 띄는 곳에 붙여 두자. 이렇게 상황별로 자세하게 적어 두면 속마음을 몰라준다고 속상해하거나 서운해할 일이 줄어든다. 남편과 아이들도 오고 가며 읽어 보게 되고 엄마 기분에 대해서도 생각하게 된다. 듣고 싶은 말이 있다면 가족들에게 적극적으로 알려 주자. 가족이니 말하지 않아도 알 것이라는 허황된 기대보다는 자신의 욕구를 확실하게 전달하려는 노력이 아줌마에게는 필요하다.

굳게 닫힌 마음의 문을 열다

나이가 들면 들수록 열심히 살아도 잘하고 있다는 느낌이 들지 않는다. 그런 기분에 길들여지면 자신감도 사라지기 마련이다. 그 뒤는 자책과 공허함이 뒤따른다. 문제가 없는데도 문제가 있다는 생각이 든다. 모순적으로 들릴 수도 있지만 아줌마라면 이런 기분이 어떤 것인지 알 것이다.

특별한 문제가 있을 때는 당연히 그러려니 하는데 남편도, 아이도, 사는 것도 편안한데 마음에 구멍이 난 것처럼 찬바람이 쌩쌩 불 때가 있다. 햇살 가득한 날 이유 없이 눈물이 흐르기도 하고, 굴러가는 낙엽만 봐도 서글퍼지고 비오는 날에는 한없이 우울해진다.

수업 시간에 아줌마가 되어 느끼는 공허함에 대해 이야기하다 보면 참 많이들 우신다. 글쓰기가 마음의 문을 열었기 때문이다. 처음에는 눈물을 부끄럽게 여겨 '주책없이 눈물이' 하면서 얼른 수습해 보려고 하지만 나중에는 자연스러운 일이 된다. 자신의 이야기뿐만 아니라 남의 이야기에도 고개를 끄덕이며 같이 운다. 그러다 보면 수업 시간 중에 휴지 한 통이 교실 한두 바퀴를 돌기도 한다. 다들 세상은 빠르게 흘러가는데 자기만 제자리걸음인 것 같다고, 뒷걸음치는 기분이라고 말한다. 이 글을 읽는 당신은 어떨 때 그런 기분을 느끼는가.

 당신의 공허함

공허함은 자연스러운 감정이다. 좋아하는 것을 잃어버리면 여섯 살 아이도 그런 기분이 든다. 공허함에 시달리는 이유는 좋아하는 것이 사라졌기 때문이다. 공허함을 크게 느낄수록 '이제 내가 무엇을 좋아하는지조차 모르겠어요', '지금에 와서 안다고 뭐가 달라지나요?'라며 애써 부정한다. 하지만 공허함의 뿌리를 찾으면 문제의 실마리가 보인다. 좋아하는 일은 사람을 열정적이게 만들기 때문이다.

사소한 것이라도 좋다. 공허하다고 먼 산만 바라볼 것이 아니라 좋아하는 일이라도 떠올려 보자. 햇살, 지는 노을 등 감성적인 것도 좋고, 향 좋은 커피, 명품 가방 등 구체적인 사물도 좋다. 걷기, 맛있는 음식 먹기 등의 행위 자체도 좋다.

나의 경우 손을 움직여 하는 일이 좋다. 나무를 자르고, 망치질하는 것이 즐겁다. 그러다 문득 노후에는 작업실에서 나무를 만지며 살고 싶다는 생각도 하게 된다. 좋아하는 일을 하고 있으면 시간이 언제 갔는지 모를 만큼 몰입하게 된다. 전문가의 솜씨를 따라갈 수는 없겠지만, 기분 전환도 되고 열정 가득한 나를 발견하게 된다.

Action 1-15 **내가 좋아하는 것**

번호	내용
1	
2	
3	
4	
5	
6	
7	

칸을 늘려 얼마든지 더 채워도 좋다. 가능하다면 쓰고 나서 이 목록을 가족들에게도 읽어 주자. 남편도 만들고, 아이들도 각자의 목록을 만들어서 다 같이 공유해 보자. 그러면 서로를 이해하는 데 한결 도움

이 된다. 잘 안다고 믿었던 상대의 새로운 면을 발견할 수도 있다. 좋아하는 것들은 대개 시간에 따라 변하기 마련인데 묻지 않으면 과거의 기억에만 머무르게 된다.

가족들과 공유하고 나면 좋아하는 것들 중에 진짜를 골라내자. 3가지 정도로 추려 보자. 좋아하는 것을 찾으려는 노력을 하다 보면 공허함은 사라지고 잃어버린 자신과 마주하게 될 것이다.

 내가 좋아하는 것 세 가지

번호	내용
1	
2	
3	

앤서니 브라운의《돼지책》을 보면 엄마의 얼굴에는 표정이 없다. 표정은 어두운 그림자로 묘사되어 있다. 아침이면 엄마는 식사 준비, 설거지, 청소를 하고 모두의 침대를 정리한 뒤 직장에 간다. 저녁이 되면 남편과 아이들은 회사와 학교에서 돌아와 텔레비전을 보며 '엄마'만 찾는다. 직장에서 돌아온 엄마는 저녁을 만들어 먹이고, 설거지를 하고, 빨래를 하고, 다림질을 한다.

그러던 어느 날 엄마가 '너희들은 돼지야'라는 메모만 남기고 집을 나간다. 자신의 등에 업힌 가족들을 내려놓기로 마음먹은 것이다. 그러자 가족들은 정말 돼지처럼 변한다. 그제야 남편은 남편대로, 아이들은 아이들대로 당연하게 요구했던 일들이 엄마 혼자 감당하기에 얼마나 벅찬 일이었는지 깨닫게 된다.

결국, 엄마는 가족들의 간절한 바람으로 집에 돌아온다. 그 뒤로 집안 분위기는 180도로 달라진다. 남편은 다림질과 설거지를 하고 아이들은 침대를 정리하고 요리를 돕기 시작한다.

이렇듯 혼자 다 짊어지고 있으면 좋아하는 일을 아무리 찾아도 할 시간이 없다. 그러면 더 공허해진다. 그러니 위의 동화처럼 가족들과 집안일을 나누어야 한다. 다음의 표를 토대로 역할 분담을 구성해 보자.

Action 1-17 역할 분담표

나	
남편	
자녀	

당신의 화에는 무엇이 담겨 있는가

아줌마는 매일 아침 아무렇지 않은 척, 잘 살고 있는 척, 내가 선택한 결혼이 꽤 괜찮은 척, 잠자리를 피하는 남편을 보며 한숨짓지만 태연한 척, 사랑한다고 하니 믿는 척, 시댁에 가면 혼자 일을 다하는 것 같아 화가 나지만 당연한 척, 아이들을 사랑하니 행복한 척하는 가면을 쓴다. 그래야 행복하다고 믿는다. 그러다 누군가 '빨간 단추'를 누르는 상황이 발생한다.

빨간 단추는 심리학 용어로 마음속에 감춰진 감정의 뇌관 같은 것이다. 이 단추를 건드리면 자동으로 폭발하게 되어 있다. 어떤 사람은 부모님의 이야기가, 어떤 사람은 열등감을 자극하는 이야기가, 어떤 사람은 어린 시절의 이야기가 빨간 단추가 된다.

이런 뇌관은 약점이 될 수 있다. 약점이 많으면 남들이 하는 이야기에 기분이 좌지우지되기 쉽다. 당신은 어떤 이야기를 들을 때 참을 수 없이 화가 나는가. 당신의 뇌관은 무엇인가. 그 이야기를 들으면 왜 이성을 잃고 화가 나는지 이유도 같이 써 보자. 이런 화가 나는 상황과 그 이유를 적으면서 해결책을 생각해 보자.

Action 1-18 빨간 단추

예를 들어, 남편이 위아래로 훑어보면서 "당신은 옷이 그것밖에 없어? 옷 좀 사 입어"라고 했다고 치자. 그러면 남들이 자신을 어떻게 보는지에 민감했던 아줌마는 참았던 화가 끌어 오른다. "누구는 옷을 사 입을 줄 몰라서 이러고 사는 줄 알아. 뻔한 월급으로 살다 보니 이렇게 된 걸!"하고 버럭 화를 낸다. 어린 시절부터 깡말라 볼품이 없다고 놀림을 받아 왔던 터라 순간 빨간 단추가 눌린 것이다.

이런 경우도 있다. 아버지가 일찍 돌아가시고 엄마 혼자 힘들게 자신과 동생을 키우느라 고생하셨는데, 시어머니께서 화가 난다고 "너희 집에서는 이런 것도 안 가르치던! 하기야 장사하는 홀어머니 밑에서 뭘 배웠겠니?" 하고 빨간 단추를 누르면 분노가 치민다. '우리 엄마 이야기는 왜 꺼내시는 거야? 어른이 할 소리, 못 할 소리 구분도 못해?'라며 속이 끓기 시작한다.

빨간 단추가 눌리면 누구든 감정이 폭발한다. 여태껏 '~척'하며 살았지만 이때는 눈빛부터 달라진다. 그래서 싸우게 된다. 그리고 돌아서서 하소연 할 친구를 찾는다. 편들어 줄 사람이 필요하기 때문이다. 이때, 한참 이야기를 듣던 친구가 위로한다고 같이 흥분해 이야기를 거들면 기분이 점점 상하게 된다.

"그게 정말이야? 너, 너무 힘들겠다. 무슨 그런 말이 다 있니? 그런 경우가 어디 있어?", "말도 안 돼. 그걸 가만둬? 나 같으면……."

처음에는 그렇게 거들어 주고 같이 화를 내주면 기분이 풀렸는데 나중에는 점점 기분이 나빠진다. 마음이 가벼워지기는커녕 자기 얼굴에 침 뱉은 듯한 기분이 든다. 자기보다 한술 더 떠서 막말하는 친구가 괜히 얄미워진다. 상황이 이렇다 보니 결국 친구에게도 속내를 털어놓지 못하게 된다. 그렇다고 입을 닫자니 울화병이 생기는 것만 같다.

대부분의 문제들은 묵묵히 들어 줄 대상만 있으면 해결된다. 다 지난 일이라도 마음속에 앙금으로 남은 사건이나 상대가 있다면 속 시원하게 욕해 주자. 친구에게 말하듯 적어도 되고, 경고장처럼 적어도 좋다.

　　글쓰기는 당신이 숨기고 있는 이야기, 하고 싶지 않은 이야기를 듣고 싶어 한다. 감추고 싶은 속내를 털어놓아도 '임금님 귀는 당나귀' 하고 떠벌리는 법이 없다.

　　'어머나 세상에, 어쩌면 그래!' 하면서 맞장구쳐 주지 않아 귀가 심심할 수는 있지만, 애써 담담하지 않아도 된다. 털어놓고 나서 후회하는 일도 없다.

당신의 특별함에 주목하라

도브Dove에서는 전 세계 여자들을 대상으로 한 가지 실험을 했다. 자신을 얼마나 아름답다고 생각하는지 알아보기 위한 실험이었다. 여자들에게 자기 얼굴에 대해 이야기하게 하고 몽타주 전문가가 그림을 그린다. 커튼으로 가렸기 때문에 상대는 전혀 얼굴을 볼 수 없다. 오직 설명만 듣고 그림을 그려야 했다. 그런 다음 그녀를 아는 사람이 와서 그녀의 모습에 대해 설명하면 그대로 그림을 그린다. 과연 두 그림의 모습은 같았을까.

짐작했겠지만 아니다. 첫 번째 그림에는 단점이 부각된 우울한 얼굴이, 두 번째 그림에는 단점과 장점이 골고루 섞여 있거나 장점이 부각된 얼굴이 그려져 있었다. 같은 사람이라도 어떤 점을 부각시키느냐에 따라 그림의 분위기는 확연히 달랐다. 여기서 중요한 것은 다른 사람의 설명을 토대로 그린 그림이 실제 모습과 더 닮았다는 점이다.

비슷한 실험이 하나 더 있었다. 많은 여자들이 이용하는 어느 백화점에서 양쪽 문에 각각 다른 글자를 붙여 놓았다. 하나는 '특별함', 다른 하나는 '평범함'이었다. 그 결과 대부분의 여자들이 평범함의 문으로 들어갔다. 사람들이 붐비는 시간에도 특별함이라고 써진 문은 한산했다. 위 실험들을 통해 우리는 생각해 볼 수 있다.

'당신은 자신의 어떤 모습에 초점을 맞추고 살아가는가?'

장점인가. 단점인가. 특별한 점인가. 평범한 점인가. 예를 들어 A라는 사람에게는 7가지의 장점과 3가지의 단점이 있고, B라는 사람에게는 3가지의 장점과 7가지의 단점이 있다고 치자. 둘 중 누가 우월함을 느끼며 살아갈까.

언뜻 보면 7가지의 장점을 가진 A일 것 같지만, 현실에서는 그렇지 않을 수 있다. 7가지의 장점을 가지고도 3가지의 단점에 집중한다면 열등감에 휩싸일 수 있다. 반대로 7가지의 단점을 가졌지만, 3가지의 장점에 집중하면 우월함을 느낄 수도 있다.

7가지의 장점을 가지고도 평범함이라는 문에 들어갈 수 있고, 3가지의 장점을 가지고도 특별함이라는 문으로 들어갈 수도 있다. 장점의 개수와 상관없이 무엇에 초점을 맞추느냐에 따라 결과가 달라진다. 특별함은 특별한 조건을 갖고 있지 않아도 스스로를 특별하다고 믿는 마음에서 온다. 이 세상 어디에도 자신과 똑같은 사람이 없다는 사실만 기억하면 누구나 특별해질 수 있다. 그럼에도 대부분은 자신의 특별함보다는 평범함에 초점을 맞추고 살아간다.

수업을 하면서 아줌마들에게 각자의 단점과 장점을 써 보라고 하면 단점은 구체적으로 잘 쓰는 반면 장점은 두루뭉술하게 쓰거나 몇 줄 쓰지 못한다. 평소에 생각해 보지 않았기 때문이다. 자신의 장단점을 아는 일은 무척 중요하다. 그럴 때 글을 써 보면 평소 자신을 어떻게 평가했는지 알 수 있다. 다시 말하지만 자신을 향한 평가는 남들의 평가보다 훨씬 중요하다.

Action 1-20 **나의 장점과 단점**

장점	
단점	

아줌마들은 자신의 단점에 대해 쉽게 이야기한다. 뚱뚱해서, 엉덩이가 커서, 키가 작아서, 손발이 커서, 너무 마른 체형이라서, 코가 납작해서 등 단점을 아무렇지 않게 이야기한다. 어떤 경우는 자신을 아주 평범한 사람이라고 소개하기도 한다. 이제 막 알게 된 사람들에게 단점을 알려 줄 필요도, 되풀이해서 말하지 않아도 되는데 굳이 그렇게 한다.

자신을 소개할 때는 평범함에 초점을 맞출 필요가 없다. 본인도 모르게 은연중에 튀어나오는 자기 비하는 겸손이 아니다. 평소 단점에 초점을 맞추고 살아가기 때문에 습관적으로 나왔을 뿐이다. 이런 사람들은 타인을 볼 때도 단점부터 찾는다. 단점부터 찾는 사람들의 눈에 세상이 아름다울 리 없다. 그러다 보니 주변사람에게도 잔소리가 많다. 상대가 잘못하는 것만 눈에 들어오기 때문이다.

장점만 보고 살아도 힘든 세상, 갈등할 수밖에 없는 세상사에 단점을 찾는 일이 무슨 의미가 있을까. 세상에는 장점까지는 아니더라도 '이만하면 괜찮지' 할 수 있는 것들도 많다. 다시 한번 호흡을 고르고 생각해 보자.

특별함	
평범함	

　이어서 당신의 특별함과 평범함을 생각해 보자. 사람은 누구나 두 개의 얼굴을 가지고 있다. 그 모습 중 어느 것을 부각해서 살 것인지는 자신에게 달려 있다. 글을 쓰고 나면 자신이 어디에 초점을 맞춰서 살아왔는지 알게 될 것이다.

　여기서 중요한 점은 자신의 초점에 따라 인생의 방향이 달라진다는 것이다. 특별함에 초점을 맞추면 특별한 인생이 되려 노력하고, 평범함에 초점을 맞추면 남들처럼 살기 위해 애쓰게 된다. 무의식중에 내린 선택에 따라 우리의 인생이 흘러감을 꼭 명심하자.

Chapter 2

내 마음속에는 누가 살고 있나

나는 정말 나를 사랑하고 있을까

아줌마들을 대상으로 글쓰기 수업을 하면서 놀란 점이 있다면 다들 자존감이 낮아 고민한다는 것이다. 겉으로 봐서는 자존감이 낮을 이유가 전혀 없는데 왜 그런 것일까. 아줌마들의 낮은 자존감을 살펴보면 다음과 같은 문제를 발견할 수 있다.

첫째, 자신을 사랑하지 않는다. 누구보다 자신을 사랑해야 하지만, 그보다는 남편과 아이들을 더 사랑한다. 그러다 보니 자신의 기분보다 그들의 기분을 우선시하고, 자기 일보다는 그들을 위한 일이 먼저다. 이렇게 말하면 '나는 누구보다 나를 사랑해요'라고 하는 사람도 있다. 그럴 때는 생활과 지출이 누구를 중심으로 돌아가는지 살피라고 조언한다. 대개는 남편과 아이들 위주로 돌아갈 것이다. 물질 가는 데 마음도 가는 법이다.

말로는 자신을 가장 사랑한다고 하지만 자신의 욕구는 매번 뒤로 밀쳐 두거나 뭉개 버리니 자존감이 떨어질 수밖에 없다. 자신을 사랑하는 마음을 점수로 매겨 보자. 이때는 반드시 실제 행동과 연결 지어 점수를 매겨야 한다. 마음은 굴뚝같지만 행동이 따라 주지 못한다면 후한 점수를 주어서는 안 된다. 자신의 행동을 객관적으로 돌아보면서 점수를 매기고 그에 따른 이유도 적어 보자.

Action 2-1   나를 사랑하는 점수

둘째, '좋은 엄마'가 아닌 것 같다는 자책에 자주 빠지기 때문이다. 주변을 보면 아이들에게 헌신적이고 더없이 좋은 엄마들이 많은데 본인은 그렇지 않다고 말한다. 덧붙여 멋진 아내도 아니라고 생각한다. 여자 연예인을 보며 '아이 낳고도 저렇게 날씬하고 예쁜데'라며 자신의 몸매를 보고 한탄한다. '아줌마 연차'가 쌓일수록 이런 생각들은 자존감을 떨어뜨린다. 아내, 엄마로서 당신은 몇 점인가. 둘로 나눠서 각각의 점수를 매기고 그 이유를 적어 보자.

Action 2-2   아내/엄마 점수

셋째, 나만이 할 수 있다는 착각 때문이다. '남편과 아이만 두고는 외출하지 못한다', '남편은 아이의 잠자리를 챙길 수 없다', '아이가 잘 때는 나만 찾는다', '남편은 내가 만든 반찬이 아니면 안 먹는다'는 등의 생각은 처음에는 기쁨을 주지만, 나중에는 족쇄가 된다.

일을 하면서 '나만'을 외치면 그 일에 전문가가 되지만, 집에서 '나만'을 외치면 식모로 살게 된다. 가족들도 거기에 길들여지고 자신도 전형적인 주부 역할만 하며 살게 된다. 틀에 박힌 생활은 활력을 빼앗아 갈 뿐 아니라 자존감에도 영향을 준다. 지금 당신은 '나만'이라는 착각에 빠져 전형적인 주부 역할에만 충실하고 있지는 않은가. 그렇다면 아래에 그런 착각들을 적어 보자.

Action 2-3 **나만이라는 착각**

넷째, 가족들의 '잘한다'는 평가에 목을 매기 때문이다. 같이 살다 보면 처음에는 감사하던 일이 나중에는 당연한 일로 바뀐다. 그러니 '잘했다, 네가 있어 다행이야. 네가 해 줘서 고마워' 등의 따뜻한 격려는 점차 사라진다. 매일 같이 하는 일에, 매일 같이 사는 사람에게 칭찬을 바라기는 무리가 있다. 대신 스스로 평가하고 칭찬하면 된다.

다섯째, 본인이 잘해도 잘하는 줄 모르기 때문이다. 잘하는 기준이 너무 높기 때문이다. 대부분이 일과 가정, 두 마리 토끼를 다 잡은 완벽에 가까운 여자들을 성공의 기준으로 삼는다. 그러다 보니 자신의 모습은 상대적으로 초라해 보일 수밖에 없다.

우리 둘째 아이는 95점을 받아도 75점을 받아도 늘 당당하다. 시험지를 들고 와서 자기보다 못한 친구들이 누구인지 이름까지 호명해 준다. 그러고는 '이만하면 잘한 거라고' 스스로 평가를 내린다. 그런 뒤 내게 와 '다음에는 더 좋은 점수를 받을 수 있으니 걱정 말라'며 가방을 휙 던져두고 신나게 놀러 나간다.

아줌마들도 그럴 필요가 있다. 이만하면 잘한 거라고 스스로에게 후한 점수를 줄 수 있어야 한다. 부족한 점은 점차 나아질 것이라는 믿음을 가질 필요가 있다.

여섯째, 남들의 부정적인 말을 마음에 담아 두기 때문이다. 남편 혹은 다른 사람이 수시로 '당신은 ~는 잘 못하는 것 같아', '당신은 다른 사람보다 ~가 약해', '다른 사람보다 고집이 세', '애교가 없어서 사랑받기 힘들어', '그러니 아이들이 피하지' 등의 부정적인 이야기를 한다고 해서 그대로 받아들일 필요는 없다.

그럴 때는 이렇게 돌려서 생각해야 한다. '나는 ~는 잘 못하지만 다른 것을 잘해', 다른 사람보다 ~는 약하지만 다른 것에는 강해', '고집이 세지만 쉽게 흔들리지 않는 장점이 있어', '애교가 부족하지만 노력하고 있어', '아이들에게는 엄격할 필요가 있다고 생각해'라고 고쳐서 생각하자. 부정적인 소리에 귀를 열고 마음을 기울이면 자존감은 낮아지기 마련이다.

일곱째, 전업주부의 경우 경제 활동을 하지 않는 데서 오는 복잡한 마음이 스스로를 작아지게 만든다. 말로는 '전업주부의 일도 경제적 가치로 환산하면 얼마다'라고 하지만 현실에서는 그저 놀고먹는 사람 취급이다. 외벌이로는 아이들 교육을 제대로 시킬 수 없다느니, 둘이 같이 벌면 남편 어깨가 가볍다는 말로 집에 있는 사람을 죄스럽게 한다.

아이가 어느 정도 컸는데도 집에 있으면 더 초라함을 느낀다. 그럴 때마다 아줌마들은 '다들 아이도 키우고 돈도 버는데, 나는 왜 그걸 버티지 못하고 포기했나'하는 생각이 들어 자기도 모르게 위축된다.

여덟째, 잘했던 기억보다 못했던 기억을 더 많이 품고 살기 때문이다. 그러다 보니 무엇을 시작하려 할 때마다 실패의 기억을 떠올라 지레 겁먹고 망설인다. 자신의 인생에서 잘했던 일들을 정리해 두면 실패의 기억이 떠오를 때마다 쉽게 떨쳐 낼 수 있다. 한눈에 볼 수 있도록 정리해 두면 자존감을 높이는 데도 도움이 된다.

쓰다 보면 열 개를 작성하는 것도 쉽지 않다. 잘한 일의 기준을 높게 잡으면 쓸 것이 없다. 아주 사소한 것이라도 괜찮다. 기준 자체를 낮게 잡으면 누구나 쓸 수 있다.

Action 2-4 · 내 인생에서 잘한 일 열 가지

다 쓰고 나면 그중에서 가장 잘한 일을 정해 자세하게 적어 보자. 그때 같이 있던 사람, 일의 과정, 다른 사람들의 반응, 당시 나의 기분 등을 떠올려 보자. 내용이 자세할수록 자존감을 회복하는 데 도움이 된다.

　자존감은 주위의 평가를 종합해서 내리는 결론이 아니다. 자신에 대한 평가는 자신의 손에 달려 있다. 남들이 점수를 박하게 주어도 내가 후하게 주면 자존감이 떨어지지 않는다. 타인의 평가를 받아들일지 말지는 나의 몫이다. 본인의 자존감이 낮은 것 같다면 자신보다 타인의 평가에 더 귀를 기울이는 것은 아닌지 생각해 보자. 자존감 회복의 열쇠는 내 손안에 있다.

무의식에 남아 생각의 틀이 된 동화들

우리는 다양한 이야기를 접하며 살아가는데 어릴 적 읽은 이야기책 중에는 아직도 기억에 남는 것들이 있다. 특히 옛이야기, 동화가 그렇다. 브루노 베텔하임은 《옛이야기의 매력》에서 "옛이야기는 의식부터 무의식까지 저장되어 사회에서 필요한 역할을 가르친다"고 했다. 사람들은 옛이야기를 통해 자기가 처한 상황에 대한 이해와 극복을 배운다고 한다. 그것은 어른이 되어서도 무의식에 그대로 남는다. 모든 정신 층위에 작용하며 중요한 메시지를 전달한다.

> **Action 2-6**   가장 기억에 남는 동화 다섯 편

당신은 어떤 이야기를 선택했는가. 적은 것을 보면 대부분 〈신데렐라〉, 〈백설공주〉, 〈인어공주〉, 〈평강공주〉 등 공주 시리즈가 많다. 그 밖에는 〈콩쥐팥쥐〉, 〈선녀와 나무꾼〉, 〈심청전〉, 〈미운오리 새끼〉 등이 있다. 세상을 어지럽히는 악당과 맞서 싸우는 영웅담을 좋아할 수도 있지만, 위에서 언급한 이야기는 빠지지 않고 들어가기 마련이다.

이런 동화들이 특히 기억에 남는 이유는 무엇일까. 아이들을 키우면서 다시 접하게 되어서 그럴까. 아니면 모든 드라마의 원형이 옛이야기에 기반했기 때문일까. 둘 다 어느 정도 영향을 주지만 가장 큰 이유는 무의식에 깊게 자리해 사회에서의 역할을 가르치기 때문이다.

앞에서 이야기한 주인공들은 대개 난관을 극복해 가는 삶을 산다. 공주로 태어나지만 부엌데기로 살고, 일찍이 부모를 여읜다. 종일 청소와 빨래 등 궂은 일을 하지만 심성이 착해 주변에서 많이 도와준다. 그들은 주변의 도움 없이는 난관을 헤쳐 나갈 수 없는 연약한 존재지만, 약자에게 베풀 줄 아는 선함을 가지고 있다.

그 주인공들을 보면 아줌마들의 삶과 무척 닮아 있다. 여자들은 결혼하고 나면 한번도 해 본 적 없는 여러 일들을 불평 없이 하려고 애쓴다. 고된 일들을 견디며 아이들을 돌보는 보람으로 살다 보면 마침내 복을 받으리라고 믿는다. 다들 착한 여자, 착한 아내, 착한 엄마, 순종하는 며느리가 되려고 애쓴다. 결혼 전만 해도 하고 싶은 말과 의견을 내는 데 망설임이 없던 사람도 결혼 후에는 바뀐다. 누가 가르치지 않아도 자연히 그렇게 된다.

지금껏 우리는 다양한 역할 모델들을 무의식에 저장하며 살아왔다. 옛이야기도 그중 하나다. 옛이야기에 등장하는 주인공과 자신의 삶을 비교해 보자. 어떤 유사성이 있는가. 무의식적으로 하게 되는 여러 행동들 속에 옛이야기는 어떤 역할을 했을까.

Action 2-7   **옛이야기의 주인공과 내 삶 비교**

옛이야기에 등장하는 로맨스를 보면 주로 '결국 그들은 결혼해서 오래오래 행복하게 살았습니다'로 끝난다. 여자들이 웨딩드레스에 환상을 갖는 이유도 어쩌면 그것을 입음으로써 행복해진다고 믿기 때문은 아닐까. 실제 우리의 삶은 '결혼해서 행복하게 살았습니다'로 끝나지 않는다. 결혼은 시작에 불과하다.

앞에서 옛이야기의 주인공과 자신의 공통점을 발견했다면 앞으로 무엇이 바뀌어야 할지도 보였을 것이다. 그것들을 적어 보자.

 바뀌어야 할 것들

다 적었다면 이제부터는 원작을 신나게 비틀어 보자. Action 2-8을 토대로 자신이 주인공인 이야기를 써도 되고, 각색해도 된다. 원전을 비튼 책들도 많이 나와 있으니 그것을 참고해도 좋다.

 다시 쓰는 옛이야기

어떤 이야기를 써도 상관없다. 옛이야기를 가지고 다시 쓰다 보면 자연스럽게 힐링이 된다. 현실성을 따질 필요도 없다. 유치해도 상관없고, 마법이 등장해도 괜찮다. 이야기를 쓰면서 상상력을 마음껏 발휘해 보자.

수업 시간에 아줌마들이 쓴 것을 보고 깜짝 놀란 적이 있다. 다들 생각이 어찌나 기발한지 혀를 내두를 정도였다. 상상력을 동원해 글을 쓰다 보면 동심으로 돌아간 듯한 즐거운 경험을 하게 된다.

혼잣말에는 진심이 담기기 마련이다

의식하지 못하지만 혼자 있을 때도 '대화'를 한다. 요리를 하면서, 걸어가면서, 거울을 보면서도 말을 한다. 스스로 질문을 던지고 답을 한다. 공포 영화의 한 장면이 아니다. 실제 우리가 무의식의 '나'와 대화하는 모습이다.

자존감이 떨어진 사람일수록 혼자 있을 때 부정적인 대화를 많이 한다. 무의식과 우울한 대화를 이어간다. 예를 들면 이런 것이다. 혼자 집에 있는데 쓸쓸하다는 생각이 든다. 그때 자기도 모르게 '외롭다'는 말이 나오고, 무의식적으로 '남편에게 혹시 다른 여자가 생기지는 않았을까? 이제 난 여자로서 매력이 없나?'하는 생각을 하게 된다. '그렇다면 나는 여자가 아닌가? 나는 누구일까? 엄마일까? 이 집의 파출부인가? 이러려고 결혼했나?'등의 우울한 생각이 꼬리에 꼬리를 물고 이어진다. 그러다 보면 답변 역시 남은 기운까지 쏙 빼놓는 말들로 채워진다.

살도 마찬가지다. 우리나라는 55, 66 사이즈 왕국이다. 살은 아줌마들을 우울하게 한다. 살이 찌면 옷을 골라 입을 수 있는 기쁨을 빼앗긴다. 결국, 외모에 대한 자신감도 점점 떨어진다. 출산 후 찐 살을 빼 보려고 안간힘을 써 보지만 번번이 실패하고 만다. 외출할 때마다 옷장 문을 열고 한참을 망설이게 된다. 그럴 때마다 내면에서는 '살이 쪄서 맞는 옷이나 있겠어! 그러게 살 좀 빼라고 했지!'라는 매정한 소리만 들려온다.

자존감이 떨어지면 남들이 했던 속상한 말들이 무의식에 그대로 저장되어 가장 가까운 곳에서 은밀하게 되풀이된다. 우울한 기분일 때 속으로 하는 대화의 내용을 살펴보자. 우울을 가중시키는 가장 큰 요인 중 하나가 혼자만의 대화이다. 앞의 예처럼 부정적인 마음이 자리 잡고 있으면 위험한 대화만 계속된다.

혼자 있을 때 주로 하는 대화를 적어 보자. 내 마음이지만 귀 기울지 않으면 잘 들리지 않는다. 의식하고 찾아내지 않으면 모르는 경우도 많다.

Action 2-10 혼자 있을 때 하는 말

혼자 있을 때 하는 대화를 잘 이용하면 자신을 성장시키는 밑거름이 된다. 예를 들어 여자 혼자 여행을 간다고 하면 주변에서는 '위험하다', '길을 잃을지도 모른다' 등 걱정에 앞선 부정적인 말들이 이어진다. 걱정이 되어 하는 말이지만, 도전하려는 마음을 흔들기에 충분하다. 누구도 얻는 것에 대해서는 말해 주지 않는다. 부정적인 요인에만 집중한다. 혼자만의 시간을 갖고 나면 한층 더 성장할 것이라고 말해 주지 않는다. 그럴 때 무의식에서의 대화가 중요하다. 무의식에서 긍정의 대화를 나누는 사람은 기운이 나는 말로 스스로를 격려한다. 그 덕에 결심대로 실행에 옮길 수 있다.

새로운 일을 시작할 때도 마찬가지다. 주변 사람들은 도전보다는 위험 요인에 집중하라고 말한다. 이때도 스스로가 격려하지 않으면 주저앉기 쉽다. 어려운 상황에서도 성공을 이룬 사람들은 스스로를 독려하고 자신과의 대화를 통해 성장해 간다. 자신과의 대화를 통해 자신감을 얻는다. '잘될 거야', '실패해도 하나의 경험이 쌓인 거야', '나는 잘할 수 있어', '남들의 말은 의견일 뿐 결과는 아니야'라는 말로 스스로를 격려하며 보란 듯이 해낸다.

혼자 있을 때 하는 대화는 어떤 대화보다 소중하다. 당신은 매번 부정적인 대화로 자신을 우울하게 만들지는 않는가. 자존감에 상처를

주고 있지는 않은가. 스스로에게 건네는 부정적인 말이 있다면 긍정

적인 말로 바꿔 보자.

Action 2-11 긍정적인 말

성격 :

얼굴 :

일이나 능력 :

결혼 생활 :

나이 :

결혼만 하면 다 될 줄 알았다

결혼이 예능 프로그램처럼 웃기고, 즐겁고, 달달하면 좋겠지만 실제는 그렇지 않다. 지지고 볶고, 때로는 막장도 연출되는 드라마다. 그래서 우울은 결혼 생활 중에 그림자처럼 따라다닌다. 결혼 자체가 여자들이 겪는 첫 번째 우울이다. 어떤 사람은 결혼을 준비하는 과정에서부터 우울을 경험하지만, 대개는 명절 이후 '명절 증후군'에 시달리며 결혼 자체에 회의감이 들기 시작한다.

Action 2-12 **결혼 후 처음 경험한 우울**

두 번째 우울은 아이를 임신하고 나서다. 각종 매체에서는 임신 후 모든 여자들이 행복한 것처럼 묘사하지만, 실제는 그렇지 않다. 우선 육체적인 변화부터가 두렵고 겁이 난다. 배가 불러 올수록 옷은 맞지 않고, 배만 예쁘게 볼록 나올 줄 알았는데 점차 살이 오르고, 일하다가도 꾸벅꾸벅 졸고 머리카락도 빠지기 시작한다. 임신 때문에 직장을 그만두었다면 우울감은 더해진다. 남편은 늘 바쁘고 혼자 지낼 시간은 많아졌는데 막상 갈 곳은 없다. 나중에는 앉았다 일어나기도 힘들어지고 풀린 신발 끈조차 혼자서 묶을 수 없게 된다.

출산이 아름답다는 말도 현실과 거리가 있음을 실감하게 된다. 막상 분만하러 가 보면 미사여구는 사라지고 한 마리의 짐승만이 남는다. 위액까지 토하며 아프다고 울부짖는 짐승 말이다.

나의 경우 출산 당일 진통이 5분 간격일 때 오라는 의사의 말을 들어 참고 참다가 병원에 갔다. 그날따라 출산하는 산모들이 많아서 병원은 분주했고 통증을 호소할 때마다 간호사들은 사무적으로 대꾸했다. 분만실에 가서는 아름다운 출산 장면을 연출하고 싶었는데 현실을 달랐다. 한 손은 침대 시트를 움켜쥐고, 다른 한 손으로는 옆에서 졸고 있는 남편의 등짝을 사정없이 후려쳤다. 그렇게 13시간의 길고 긴 시간을 보내고 나니 자신이 짐승 같았다.

텔레비전, 영화, 책에서 봤던 아름다운 광경, 감동의 현장과 눈물은 어디에도 없었다. 너무 아파 죽을 것 같다는 생각에 엉엉 울기만 했다. 세상은 그대로인데 '왜 나만 한 마리의 짐승이 되어 있지'라는 생각에 더 눈물이 났는지도 모르겠다.

그 외에도 남편이 임신하고 관심을 가져 주지 않아서, 먹고 싶은 것을 한번도 사다 주지 않아서, 출산 당일 모임에 가거나 무섭다고 분만실에 같이 들어가 주지 않아서 등 우울의 이유는 다양하다.

Action 2-13 | **출산 관련 경험한 우울**

세 번째는 아이를 낳고 세상과 단절된 듯한 기분이 들 때이다. 친한 친구들이 비슷한 시기에 결혼해 아이를 낳았다면 이야기할 사람이라도 있겠지만, 그렇지 않다면 말 붙일 사람을 찾아 유모차를 끌고 놀이터를 배회해야 한다. 아이가 어릴수록 자기 시간을 갖기도 힘들고 신문 한 장 펼칠 여유도 없다.

그러다 아이를 키워 유치원에 보내고 나면 그때부터는 다른 이유로 우울해진다. 경제적인 이유 탓이다. 초등학생만 되어도 아이들끼리 집이 몇 평인지, 부모님의 차가 어떤 것인지 묻는다. 다른 집 아이들은 비싼 메이커 옷과 신발이 있는데 내 자식만 없을 때는 가슴이 시리고, 비싼 학원을 보내 주지 못할 때는 가슴이 미어진다. 경제적 결핍은 아이를 키우는 동안 상당한 우울로 작용한다. 그밖에도 아이를 키우면서 경험하는 우울은 수도 없이 많다.

Action 2-14 **아이를 키우면서 경험한 우울**

네 번째 우울은 결혼 후 달라진 남편의 모습을 볼 때다. 순간적인 실수든, 오랜 연애의 결실이든 살아 보면 결혼 전과 후의 남편은 전혀 딴판이다. 예전처럼 하트 문자를 날리지도, 만나 달라고 쫓아다닐 때처럼 열정적이지도, 다정하게 차 문을 열어 주지도 않는다. '내게 했던 것을 다른 여자한테 가서 하지만 않으면 다행이지'하고 살아야 한다. 전과 달라진, 변해도 한참 변한 사람과 살아야 하는 우울 역시 만만치 않다.

　　Action 2-12~15까지 써야 할 말이 많았다면 변화에 대한 갈망이 큼을 의미한다. 그만큼 버려야 할 것도 많다. 다들 아줌마가 되면 뻔뻔해진다고 생각하는데 사실은 그렇지 않다. 무척 소심해지고 남들 시선에서도 자유롭지 못하다. 그렇기 때문에 남과 비교하면서 자신을 평가한다. 그럴 때는 글을 쓰면서 우울의 원인들을 살펴보자. 그동안 쌓인 우울을 걷어 내 잃어버린 자신감을 되찾자.

Tip. 　'결혼, 출산, 육아, 남편'이라는 환상과 틀에서 벗어나기

《여자의 뇌, 여자의 발견》의 저자 루안 브리젠딘은 여자의 우울증 발병률이 높은 이유를 호르몬 때문이라고 밝혔다. 남자의 호르몬 변화는 일관된 반면 여자는 사춘기부터 시작해 출산을 경험하고 폐경에 이를 때까지 끊임없이 파도를 탄다. 호르몬의 변

화는 신경에까지 영향을 주어 감정 기복도 심해진다. 같은 환경 조건이라 해도 신체 구조와 호르몬의 영향으로 남자보다는 여자가 우울한 감정에 더 시달릴 수밖에 없다. 사실 여자들이 겪어야 하는 우울함은 호르몬 탓도 있지만, 결혼 생활에서 오는 경우가 더 많다. 우울은 누가 만들었는지도 모를 틀 안에 자신을 끼워 맞추려 애쓰면서 가속화된다. 결혼, 출산, 육아, 남편에 대한 환상과 기대치가 높을 때 실망도 크고 우울도 심해진다. '남들은 다 행복한 것 같은데' 하면서 말이다. 환상에서 벗어나 현실을 바로 본다면, 남과 비교하지 않는다면 우울함이 줄어들 것이다.

나도 모르는 내 안의 깊은 상처를 꺼내다

사람들은 누구나 성장하면서 상처를 받는다. 대부분의 상처는 크면서 잊히거나 극복되지만, 어떤 것은 마음속 깊은 곳에 그대로 굳어진다. 가까운 사람에게 받은 상처일수록 그렇게 되는 경우가 많다. 거절당한 경험, 무조건 참아야 했던 경험, 두려워 떨었던 경험, 버려진 경험들은 그대로 남기 마련이다. 어쩌면 어른이 된다는 것은 자기 안에 상처받은 아이를 깨워 같이 성장하는 일인지도 모른다.

특히 상처는 무언가를 시작하려고 할 때마다 발목을 잡는다. 시작도 하기 전에 '어차피 안 돼', '해 봐야 결과는 뻔해', '괜히 또 마음만 아플걸', '난 원래 그런 거 잘 못해', '난 겁이 많아'라는 말로 하지 못하게 막아선다.

남편, 아이, 시댁과의 관계 형성에도 영향을 준다. 어릴 적에 아버지가 집에서 폭군처럼 굴었다면 남편이 화를 낼 때 덜컥 겁을 내고 만다. 싸울 때 남편이 소리를 지르기라도 하면 주눅이 들어 아무 말도 하지 못한다. 더 하고 싶은 말이 있어도 남편에게서 아버지의 모습을 보게 될까 두려워 꼬리를 내리고 만다.

무엇이든 양보해야 마음이 편하다는 경우도 있다. 어린 시절 양보를 강요받았다면 무엇이든 양보하고 본다. 다른 사람과의 갈등을 견디지 못하기 때문에 마땅히 지켜야 하는 자기 몫도 당연한 것처럼 내주고 만다.

부모님에게 좋은 평가를 받지 못하고 자란 경우, 다른 사람의 시선이나 평가에 지나치게 민감하다. 칭찬 한마디면 무리한 요구도 쉽게 거절하지 못한다. 그러다 보니 결국은 자신이 하고 싶은 일보다는 남들이 원하는 일, 기대하는 일을 하게 된다.

아이들이 울고 떼를 쓰면 못 이기는 척 들어주고 무조건 안아 주려는 것 역시 과거의 상처 탓인 경우가 많다. 어린 시절 사랑받지 못했다는 피해 의식이 클수록 아이들을 떼쟁이에 응석받이로 키운다. 잘못을 해서 혼을 내야 하는 상황임에도 벌을 주지 않는다. 자신처럼 상처가 될까 두려워 애써 모른 척한다. 그러다 보니 주변에는 떼쟁이 아니면 응석받이들만 가득하다.

치유되지 않은 어린 시절의 상처, 상처받은 아이는 반드시 찾아내 치료해야 한다. 그렇다면 어떻게 발견하고 치료할 수 있을까. 그 해법은 바로 글쓰기에 있다.

　자신이 가장 싫어하는 것, 두려워하는 것, 양보할 수 없는 것, 자신이 느끼기에도 너무 관대한 것, 고치고 싶은데 잘 되지 않는 것 등을 꺼내자. 좋고 나쁨이 극명하게 나뉘는 것들은 자신이 가진 상처와 연결된 경우가 많다. 그 이유를 과거에서 찾아보자. 그러다 보면 상처받은 어릴 적 자신과 만날 수 있다.

문제점 :

예시

– 아이가 몇 시간은 혼자 있어도 괜찮을 나이인데도 빈집에 와서 혼자 있는 것이 끔찍하게 싫다. 생각만으로도 걱정스럽다.

– 화를 내는 남자가 무섭다. 지나가다가도 버럭 화를 내는 남자를 보면 움츠러든다.

– 다른 것은 다 참을 수 있지만 외도나 술 먹는 남자는 용서가 안 된다.

– 나 혹은 아이들의 이야기를 묵살하는 남편이 싫다.

적었으면 그 이유들도 자세하게 적어 보자. 과거 나의 상황, 경험
과 연결시켜도 좋다.

과거의 나 :

예시

어린 시절 엄마는 늘 일하는 사람이었다. 처녀 때는 전라도의 한 읍내에서 양
장 학원 선생님으로도 꽤 유명했다고 한다. 그런데 아빠를 만나 서울로 오면서 옷
장사를 하기 시작하셨다. 당시 가진 게 없어 노점에서 억척스럽게 장사를 하셨는
데 새벽같이 나가셔서 밤늦게나 되어야 돌아오셨다. 막내인 나는 언니, 오빠가 학

교에 가면 빈집에 혼자 남아 그림을 그리고 종이 인형을 오려서 가지고 놀았다. 종일 누가 오기만을 기다렸다. 어떤 날은 학교 가는 작은 언니를 붙잡고 울기도 했다. 그러면 언니는 자주는 아니지만, 학교를 빠지고 나랑 놀아 주었다. 혼자 집에 있을 동생이 짠했던 것이다. 그때는 밖에 나가도 놀 친구가 없었다. 친구들은 유치원에 가고 동네 골목은 텅 비어 있었다. 자식이 넷이나 되니 다른 집처럼 유치원에 보낼 형편이 되지 않았을 것이다.

과거의 경험을 현재의 자신과 연결해 보자.

현재의 나 :

글을 쓰다 보니 어린 시절 혼자 있는 나와 마주하게 되었다. 내 안의 상처 입은 아이에 대해 생각해 보지 않은 탓에 나는 그저 내 아이들 때문이라고만 생각했다. 사실 내가 일을 하러 나갔을 때 아이들이 조금이라도 혼자 있게 되면 너무도 불안했다. 그 이유가 어린 시절 내가 느낀 감정이 아이들에게 그대로 투영되어서 그런 것임은 알지 못했다. 결혼해 아이를 낳으면서 내 안의 상처 입은 아이가 일하려는 나를 막아선 것이다.

Action 2-17 성장

상처 입은 아이를 성장시키는 방법은 다음과 같다.

첫째, 과거의 문제점이 현재와 어떻게 연결되어 있는지 찾는다.

둘째, 부정적인 기억 탓에 발붙이지 못했던 긍정적인 기억, 장점 등을 꺼낸다.

셋째, 어린 시절에는 이해하지 못했지만, 커 가면서 이해하게 되는 일들을 다독이고 화해하자.

모든 일에는 장점과 단점이 공존한다. 한쪽 면만 부각해서 곱씹을 것이 아니라 상황을 객관적으로 보고 잘못된 것은 바로잡자.

장점 찾기 :

그때의 나를 떠올리며 상처받은 아이와 마주하게 되었다. 곰곰이 생각해 보니 나름의 장점도 있었다. 혼자 있기 싫었던 나는 학교 다니는 내내 열심히 친구들을 사귀었고, 덕분에 교주라는 소리를 들을 만큼 친구들을 많이 몰고 다녔다. 혼자 견디는 시간이 길었던 만큼 내 안에는 단단한 자아도 생겼다. 혼자 놀면서 예술적인 감수성도 풍부하게 키울 수 있었다. 더는 내 안의 상처 때문에 아이들을 걱정하지 않을 것이다. 장점을 쓰고 나니 스스로에게 '괜찮아 잘 컸어. 아이들이 혼자 있는다고 큰일이 나지는 않아' 하고 스스로를 다독이게 되었다.

장점까지 생각했다면, 이제는 상처 입은 아이를 성장시킬 차례다. '괜찮다', '다 지나갔다', '이제 어른이 되었다', '무서워할 필요 없다'고 말해 줄 차례다.

다독이기 :

예시

혼자 있던 시간이 무섭기도 했지만, 예술적인 감수성이 자라난 시간이었어. 덕분에 친구도 많이 사귀고 혼자 있는 시간을 견딜 줄 알게 되었어. 잘 컸어. 이제는 무서워할 필요 없어. 아이들도 내가 시간을 조금 비워도 무서워하지는 않을 거야.

이렇듯 상처받은 아이는 발견해 성장시켜야 한다. 상처를 품고 그대로 잠들면 불쑥불쑥 나타나 자신을 괴롭힌다. 상황을 돌이켜 다시 보면 '그럴 수밖에 없었다'거나, '그럴 수도 있었겠구나' 하고 이해하게 된다. 이해의 폭을 넓히는 것, 어린 시절 자신에게 잘못한 사람과 용서하고 화해하는 일은 무척 중요하다. 그것이야말로 상처 입은 아이를 어른으로 성장시키는 일이다.

사는 것이 참 힘들다. 늘 행복하면 좋겠지만 삶이 그렇게 호락호락하지만은 않다. 돈이 좀 모였다 싶으면 귀신같이 돈 쓸 일이 생긴다. 이제 좀 살 만하다 싶으면 일이 터진다. 이만하면 행복하지 싶을 때 갈등이 생긴다.

남편이 잘 다니던 직장을 그만두고 싶다고 선언하기도 하고, 외도를 하기도 하고, 주식으로 돈을 잃기도 한다. 오를 줄 알고 대출받아 산 집은 오를 생각을 하지 않는다. 아이 학교에서 전화가 오기도 하고, 아프기도 하고, 사춘기에 접어들어 말썽꾼으로 돌변할 수도 있고, 부모님이 병환으로 쓰러지실 수도 있다.

시련은 예상하지 못한 곳에서 온다. 그때마다 물질적으로든 정신적으로든 대가를 치러야 한다. 그 어떤 경우든 버텨 내는 일이 참 쉽지가 않다.

바꿔 생각하면 그것은 성장을 위한 일종의 '수업료'다. 나 역시 살면서 많은 수업료를 지불했다. 주변 사람들에게 이런 말을 할 때가 있다. '내가 전업주부로 살아 보지 않았다면?', '결혼은 미친 짓이라고 가슴 치는 일이 없었다면?', '외도를 모르는 척 넘어갔다면 첫 책이 나왔을 까? 과연 아줌마 자기 계발서 책을 낼 수 있었을까?'. 단언컨대 아닐 것이다. 하지만 당시에는 어느 것 하나 잘하고 있다는 생각이 들지 않 았다. 결혼 생활도 쉽지 않았고, 육아를 위해 일을 그만둔 것도 잘한 일이라는 확신이 들지 않았다.

돌아보니 그때 수업료를 톡톡히 낸 덕에 지금에 이르게 되었다. 물 론 그때는 잃은 것에만 집중해 그렇게 생각하지 않았다. 그런데 어려 운 일을 몇 번 겪고 나니 그 일이 있었기에 다음번에는 같은 실수를 하 지 않게 됨을 깨달았다. 때에 따라서 피할 수 없는 일에는 전보다 강하 게 맞서 싸웠다. 수업료를 낸 만큼 시련 앞에 노련해 졌다.

수업료를 내지 않으면 배울 수 없다. 인간적으로 성숙하려면 성장 통을 겪어야 한다. 그리고 성장을 위해서는 인생 수업료를 지불해야 한다. 때로 실패라고 느껴지는 일들이 지나고 보면 큰 자산이 되는 경 우가 많다. 앞으로도 얼마나 더 많은 수업료를 내야 하는지는 알 수 없다. 다만 달라진 점이 있다면 이제는 수업료를 내야 할 일이 생기 면 잃을 것에 집중하지 않고 배울 것, 얻을 것에 집중한다는 것이다.

보통은 시련이 닥쳐오면 '내가 왜', '왜 나에게만 이런 일이' 하고 불 평한다. 남들은 다 겪고 지나가도 자신은 그냥 지나가 주길 바란다. 인생에는 공짜가 없다. 누구든 수업료를 내야 한다. 수업료를 낼 일이 있을 때 불평을 일삼으면 어두운 '그림자'만 보이고 다가올 눈부신 '빛'은 보지 못한다. 어차피 내야 하는 수업료라면 배워야 할 것에 집중하자. 세상에 대가를 치루지 않고 성장하는 인생은 없다.

살면서 누구나 어떤 식으로든 수업료를 냈을 것이며 지금도 내고 있을 것이다. 잃은 것에 마음을 둘 것이 아니라 얻은 것에 집중해야 한다. 당신이 지금까지 수업료를 낸 일과 그로부터 얻은 것은 무엇인가.

Action 2-18 **수업료를 낸 일과 그로부터 얻은 것**

수업료를 낸 일	
그로부터 얻은 것	

그중에서 가장 잊히지 않는 일을 골라 글로 써 보자. 상대를 향한 원망이나 기타 비난들은 접어 두고, 이 경험으로 어떤 성장을 이룰 수 있을지 긍정적인 결과에 초점을 맞추어 글로 써 보자.

Action 2-19   **성장을 위한 수업료**

그게 언제라도 다시 시작할 수 있다

마흔 이후에 다시 시작해도 늦지 않다고 하면 대부분의 반응은 이렇다.

"마흔이요? 그때 무슨 꿈을 꿔요? 이룰 시간이 너무 부족하잖아요."

그러면 나는 김난도의 《아프니까 청춘이다》에 나오는 시간 계산법을 알려 준다. 우리가 80년을 산다고 가정했을 때 그 세월을 하루 24시간으로 계산해 보자. 환산하면 1년이 18분, 2년이면 36분, 5년은 1시간 30분……10년이면 3시간이다. 그러니 열 살은 오전 3시, 스무 살은 오전 6시, 서른은 오전 9시, 마흔은 오후 12시, 쉰은 오후 3시, 예순은 오후 6시라는 계산이 나온다.

마흔은 딱 정오이다. 점심 먹을 준비를 하거나 먹으러 나가거나 먹고 있을 시간이다. 보통 오전까지는 그날 해야 할 일을 준비하고, 일은 점심을 먹은 뒤에 본격적으로 시작한다. 그렇게 생각하면 마흔에는 아직 본 게임이 시작되지 않은 셈이다. 쉰도 마찬가지다. 아직 오후 3시밖에 되지 않았다. 해가 지려면 아직 멀었다. 무엇을 해도 충분하며 무엇을 해도 이룰 수 있다. 지금 당신은 몇 시를 살고 있는가.

Action 2-20 **당신의 인생은 몇 시를 가리키고 있는가**

인생 시간을 계산해 보면 생각보다 많은 시간이 남아 있음을 깨닫게 된다. 그렇다면 80세까지 산다는 전제하에 여자의 삶을 둘로 나눈다면 기준점은 무엇일까. 몇 살쯤일까. 여기서 말하는 분기의 기준은 인생에서 '나'를 중심으로 다시 사는 시점을 말한다. 이렇게 물으면 열에 아홉은 결혼의 전과 후라고 대답한다.

Action 2-21 **둘로 나눠 본 내 인생**

1분기	
2분기	

결혼을 기준으로 인생을 나누고 보면 2분기는 시작부터가 너무 바쁘다. 자신을 위해 쓸 시간이 없다. 아이를 등에 업고 종종거리며 '내 인생은 이게 뭐지' 할 뿐이다. 1분기는 남들처럼 산 것 같은데 2분기는 시작부터가 만만치 않다. 집안일과 육아로 체력과 인내심이 바닥을 드러낼 만큼 지쳐 있다. 서른 중반만 넘어가도 2분기에는 제대로 한 일이 없는 것 같아 불안해진다. 그러다 보니 나이만 먹었지 해 놓은 일은 없다며 조바심을 낸다.

내 생각에 2분기 삶의 기준점은 아이를 어느 정도 키운, 마흔 살 즈음이 아닐까 싶다. 결혼과 출산, 육아에 묶인 시기를 1분기로 놓고 보면 마음이 한결 편해진다. 그러면 2분기부터는 나에게 집중할 시간이 충분해진다. 그때는 아이들도 어느 정도 커 있고, 남편에 대한 의존적인 성향도 바뀌고, 시댁에서 뭐라고 해도 담담해질 수 있다. 여유가 생기고 느긋해진다. 원숙함이 더해진다.

일에 있어서 아줌마들이 성과를 내지 못하는 이유는 끈기 혹은 능력이 부족해서가 아니다. 자신에게 쓸 시간이 부족해 깊이 몰입할 수 없기 때문이다. 마흔 이후에 본격적인 자기 일을 시작해 좋은 결과를 내는 아줌마들이 많은 것도 바로 이런 이유 때문이 아닐까.

그럼에도 나이라는 변명 안에 숨어 시간을 낭비하고 있다면 다음의 이야기를 들어 보자.

언젠가 지하철을 타고 가는데 옆에 앉은 할머니가 나이를 물으셔서 대답해드렸더니 이렇게 말씀하셨다.

"아이고 젊네 젊어. 아직 한창때야."

그러면서 아직도 살아갈 날들이 많이 남아 있으니 부지런히 일하라며 인생살이에 대한 조언을 아끼지 않으셨다. 그때 옆의 다른 할머니가 말씀하셨다.

"그러는 당신은 몇 살이나 먹었수?"

"예순다섯이오."

"아이고 거기도 젊구먼, 나는 칠십하고 여섯이나 더 먹었어. 지금 거기도 딱 좋을 때야. 그때는 몸도 가볍고, 놀러도 마음껏 다닐 수 있고, 얼마나 좋아!"

나이 드신 어른들을 만나면 마흔을 훌쩍 넘긴 나이도 한창때가 된다. 반박의 여지가 없는 것이 그분들 기준에서는 한창때가 맞다. 일흔이 넘으신 할머니 눈에는 예순의 나이도 딱 좋은 때이다. 서른에는 스무 살이 젊고, 마흔에는 서른이, 쉰에는 마흔이, 100세가 되면 아흔도 한창때처럼 보인다. 지금 당신이 몇 살이든 상대적인 기준으로 보면 딱 좋은 나이, 한창때가 된다.

당신이 생각하는 젊음의 기준은 무엇인가. 몇 살까지가 젊고, 몇 살부터 늙었다고 생각하는가. 젊음, 늙음의 기준은 사람마다 다르다. 어쩌면 신체 나이보다 중요한 것은 마음의 나이가 아닐까.

나의 은사님 중 한 분은 여든이 넘으셨음에도 여전히 활발하게 활동하신다. 혼자 여행을 다니고, 다른 나라에서 몇 개월씩 생활하신다. 그러면서 길거리에서부터 대극장에 이르는 다양한 공연을 매일 보시고 리뷰를 남기신다. 세계적인 공연의 흐름이나 정보들이 가장 먼저 담기는 곳이 바로 선생님의 SNS이다.

아이들이 결혼해 손주가 생겨 할머니, 할아버지가 되면 늙은 것인가. 나이는 심리적인 영향, 자신의 생활 패턴과 의지에 따라 얼마든지 달라진다. 나이에 대한 자신의 생각을 정리해 보자.

Action 2-22 | **젊음과 늙음의 기준**

내 나이에는 '할 수 없다'라며 포기한 일이 있는지 생각해 보자. 정말 나이 때문이라고 생각하는가. 도전이나 실패가 두려워서 그런 것은 아닐까. 할 수 없다고 생각한 일과 그 이유를 진지하게 적어 보자.

나이 들수록 인생이 지루하고 답답하다는 사람들이 있다. 인생은 스스로 행동하고 얻으려 하기 전까지는 재미도 깨달음도 삶의 지혜도 알려 주지 않는다. 시도하지 않으면 병원 문턱만 드나들며 끝을 기다려야 할지도 모른다. 그러니 하고 싶은 일이 있다면 망설이지 말고 시작하자. 그래야 당신의 운도 비전도 같이 움직인다.

"마지막 순간에 가슴을 후벼 파는 후회는 이루지 못한 꿈이나 이룰 수 없었던 꿈이 아니라 꿈을 이루기 위해 최선을 다하지 않은 자신의 모습이다. – 오츠 슈이치, 《죽을 때 후회하는 스물다섯 가지》 중에서

Tip. '이 모퉁이만 돌면'을 기억하라

지금 어떤 일에 도전하려고 준비하거나 시도하고 있다면 너무 멀리 내다보지 말고 '이 다음 모퉁이만 돌면'이라고 생각하자. 지금 시작한다고 해서 성공한다는 보장도 남들보다 앞서리라는 확신이 들지 않을 수도 있다. 하지만 이다음 모퉁이를 돌면 달라진 자신과 마주할 수 있다. 거기까지 가기가 어렵지 막상 돌고 나면 나아가지 못할 이유가 없다. 그렇게 한 모퉁이씩 돌다 힘들어지면 이번에는 '못 먹어도 고'를 마음속으로 외치자. 일단 가 보자. 살다 보면 기대 이상의 일들이 일어나기도 하니까.

Chapter 3

좋은 엄마, 아내, 며느리이기 전에 나는 '나'

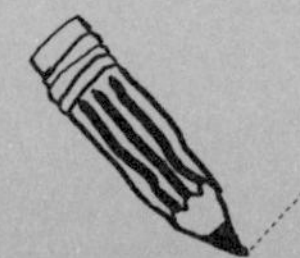

당신을 가둔 틀, 좋은 엄마

사람들에게 '좋은 엄마'에 대해 물으면 다음과 같이 대답한다.

'헌신하고 희생하는 사람이다.'

'아이를 칭찬으로 키워야 한다.'

'아이의 마음을 읽을 수 있어야 한다.'

'아이가 원할 때마다 곁에 있어 주어야 한다.'

'아무리 화가 나도 소리를 지르지 않아야 한다.'

'아이의 의견을 듣고 존중하며 모든 일을 같이 결정해야 한다.'

목록에서는 빠졌지만 산속에 들어가 도를 닦아도 될 것 같은 이야기도 많았다. 현실성이 없어도 너무 없는 이야기들이다.

모두가 좋은 엄마라는 '환상'을 쫓고 있다. 환상이란 현실에 기초하지 않거나 가능성이 없는 헛된 생각이나 공상을 일컫는다. 그렇다면 아줌마들은 왜 이런 환상을 쫓는 것일까. 왜 좋은 엄마가 되기 위해 노력하다가 결국은 좌절하고야 마는 것일까.

서점에 가 보면 엄마들의 그런 심리를 반영한 책들이 넘쳐 난다. 조기 교육부터 시작해 똑똑하고 창의적인 아이로 만드는 지침서들이 줄을 섰다. '엄마의 믿음대로 아이는 큰다', '어릴 때 지능과 재능을 개발해야 한다', '건강한 아이로 키우는 엄마표 놀이', '엄마의 꿈이 아이의 꿈과 연결된다', '엄마표 영어, 엄마표 글짓기' 등 주제도 다양하다. 외국어 열풍은 가라앉지도 않는다. 엄마가 잘 가르치기만 하면 외국에서 살다 오지 않아도 원어민처럼 말할 수 있다고 한다.

아이의 미래는 엄마 손에 달려 있다고 말하며 엄마의 역할만을 강조한다. 그런 책들을 읽고 나면 아이가 뒤처졌다고만 생각했지 자신의 책임이라고는 생각하지 않았던 것이 도리어 미안해진다. 조금 더 신경을 썼어야 했다는 자책이 고개를 든다. 아이는 칭찬으로 키워야 자존감이 높다는데 매번 소리 지르고 화낸 것이 미안해진다. 밥해 주고 집 치우고 놀이터 나가고 잠잘 때 동화책 한 권 읽어 주는 것만으로도 벅차 했던 자신이 무능하게 느껴진다. 읽으면 읽을수록 잘 키우고 있다는 확신보다는 상처만 준 것은 아닐까 후회되고 두려워진다.

나의 경험상 이런 책들을 읽고 나면 잠든 아이의 머리맡에 앉아 '앞으로는 엄마가 잘할게. 그동안 미안해'라고 하게 된다. 책에 나온 것처럼 해 주지 못한 자신을 탓하고, 무능한 엄마에게서 태어난 아이가 한없이 불쌍해진다. 아이 하나 잘 키워 보려고 아등바등 살고 있는데 여기저기서 '너 때문이야'라고 하는 것 같다. 좋은 엄마가 아니라는 생각에 우울해진다. 그런 책들을 읽다 보면 내 인생을 통째로 쏟아

부어도 부족할 것 같다.

당신이 생각하는 좋은 엄마란?

얼마 전, 첫째 아이가 나와 이야기하다가 감정이 복받쳤는지 울면서 말했다.

"엄마는 좋은 엄마가 아니에요."

나도 지지 않으려 말했다.

"그렇게 말하는 너도 좋은 아들은 아니야."

맞받아치기 위해 그렇게 말은 했지만 사실은 좋은 아들이다. 약속도 잘 지키고, 언제나 옆에 꼭 붙어서 하루 일과를 꼼꼼히 전해 준다. 새롭게 알게 된 연예인, 스포츠 소식 등을 재미있게 들려준다. 말썽을 일으키거나 심하게 떼를 쓴 적도 없다. 아이는 좋은 아들이 되기 위해 항상 노력해 왔다며 더 크게 울었다. 그래서 결국 사과했다.

"그래, 정정할게. 넌 좋은 아들이야. 그런데 왜 난 좋은 엄마가 아니니? 나도 꽤 괜찮은 엄마인데."

아이도 홧김에 나온 말이라 진심은 아니었지만, 보통의 엄마들은 미안하다는 말을 입에 달고 사는데 엄마는 그러지 않아 화가 났다고 했다. 그러면서 든 예가 이런 것이다. 데리러 오기로 했는데 조금 늦을 때, 밥상에 반찬이 적을 때, 아침에 늦게 깨워서 지각하게 됐을 때 등. 다른 엄마들의 경우 이럴 때 미안해서 쩔쩔맨다고 했다.

"왜 엄마는 늘 미안하다고 해야 해? 미안하다는 말을 하지 않으면 좋은 엄마가 아닌 거야?"

아이는 대답하지 못했다. 아이들에게도 좋은 엄마에 대한 말도 안 되는 환상이 있다. 그래서 나는 내가 생각하는 좋은 엄마의 기준과 철학에 대해 이야기해 주었다.

"엄마가 생각하기에 좋은 엄마는 네가 성숙한 어른으로 성장하도록 돕는 사람이야. 너도 언젠가는 한 집안의 가장이 될 테니 독립해서 살아갈 준비를 시켜야 하지. 집안일도 거들게 하고, 돈을 쉽게 생각하지 않도록 가르쳐야 해. 남들처럼 다 해 주지 않고, 다 사 주지 않는 것도 그런 것 때문이야. 그리고 엄마가 생각하는 좋은 엄마는 아이만 챙기는 사람이 아니라 자신의 노후도 준비하는 사람이야. 우리나라는 OECD 국가 중 노인들이 가장 빈곤한 나라야. 그게 왜 그렇겠니? 자식에게 무조건 헌신, 희생해야 한다는 사회 분위기에 떠밀려 다 퍼 주다 보니 정작 노후 대책은 못 해서 그런 거지. 엄마가 늙어서

너에게 짐이 된다면 어떨까? 어린 시절부터 부족한 것 없이 키워 감사하게 생각하고 있다 해도 짐이 된다면 그때도 좋은 엄마라고 생각할까? 그러니 다른 엄마들처럼 미안하다는 말을 달고 살지 않는다고 해서 좋은 엄마가 아니라고는 하지 마. 다 나름의 기준이 있는 거야."

아줌마 당신은 아이들에게 말해 줄 자신만의 '좋은 엄마' 철학이 있는가?

Action 3-2 **좋은 엄마에 대한 나만의 철학**

좋은 엄마라는 환상은 소비와 연결되어 있다. 기업들이 상품을 팔아먹으려 할 때마다 이용하는 것도 '좋은 엄마'에 대한 환상이다. '내 아이가 쓰는 건데', '엄마라면 이 정도쯤'이라고 자극한다. 지갑을 열어 좋은 엄마임을 증명하라고 꼬드긴다. 아이들도 마찬가지다. 원하는 것을 척척 사 주는 엄마를 좋은 엄마라고 여긴다. 그러니 남들처럼 해 주지 못할 때 미안해지는 것은 당연하다.

우리 사회는 좋은 아빠에 대해서는 강조하지 않는다. 그보다는 가장으로서의 의무감, 무게감을 이야기한다. 그래서 남자들은 밖에서 돈만 열심히 벌면 자신의 역할을 다했다고 착각하고 모든 책임은 엄마에게 전가한다.

좋은 엄마가 되려면 우선 마음이 편해야 한다. 그러려면 남편과의 관계가 원만해야 한다. 좋은 남편이 있어야 좋은 엄마가 될 수 있다. 혼자 짐을 다 짊어질 것이 아니라 남편에게도 당당하게 요구할 수 있어야 한다. 당신이 생각하는 좋은 남편 혹은 아빠에 대해 써 보자.

Action 3-4　좋은 남편, 좋은 아빠란?

여자들은 엄마가 되었을 때 자신의 엄마를 떠올린다. 희생과 헌신으로 길러 준 것에 대한 감사로 눈물이 흐르기도 하며 새삼 존경스러워진다. 반대로 상처를 떠올리는 경우도 있다. 당시의 상황이나 자신의 잘못은 잊고 상처에만 집중하기도 한다. 받은 상처만 기억하고 준 상처는 잊는다. 그러면서 '우리 엄마는 모성애라고는 눈곱만큼도 없어'라고 단정한다. 어린 시절에 참고 견뎌야 했던 일들이 떠올라 원망의 눈물을 흘리기도 한다.

돌아보면 나 역시 딸일 때는 가정 형편을 생각하지 않고 남들처럼 해 주지 않는 부모님을 원망했다. 좋은 엄마란 힘든 내색 없이, 아이들에게 화내지 않고, 부엌에 쪼그리고 앉아 남은 밥이나 먹어야 하는 줄 알았다. 늦은 밤 피곤에 절어 들어와서도 지친 기색 없이 나의 이야기를 들어 주고 안아 주어야 한다고 생각했다.

당시에는 엄마가 정이 없다고만 생각했는데 아이를 키우다 보니 엄마에게는 그럴 기력조차 없었을 것이라는 생각이 들었다. 이처럼 여자들은 엄마가 되고 나서야 엄마를 이해하게 된다.

지난날의 상처로 엄마를 미워하는 사람이 있다면 좋은 엄마가 되려 하기 전에 마음속으로든 현실에서든 친정 엄마와 화해해야 한다. 그렇지 않으면 자신의 아이에게도 영향을 미칠 수 있다.

자신의 친정 엄마는 어떤 분이었는지 써 보자. 지금 자신의 모습에서 엄마와 닮은 점이 있다면 무엇인가. 엄마를 통해 어떤 모습을 배웠는가.

Action 3-5   우리 엄마는……

좋은 엄마라는 설정은 남들과의 비교, 각종 매체, 친정 엄마의 영향 등을 종합해서 자기가 만든 환상에 불과하다. 환상은 실제와 다르다. 깊은 생각보다는 무의식적으로 쌓인 것들의 종합체이다.

좋은 엄마에 대한 정의를 다시 내려 보자. 여전히 처음과 생각이 같은가. 달라졌다면 환상의 틀을 벗고 현실에 맞게 고쳐 써 보자. 당신은 어떤 엄마가 되고 싶은가.

Tip. 좋은 엄마가 되기 위한 마음가짐

– 좋은 엄마에 대한 나름의 기준을 세우자 : 좋은 엄마에 대한 정의는 처한 상황이나 환경마다 다르다. 전업주부와 워킹맘은 좋은 엄마의 기준부터가 다를 수밖에 없다. 둘 다 가질 수는 없으니 나름의 기준을 세우자. 그러고 나면 마음이 한결 가벼워지고 쓸데없는 자책도 줄어든다.

– 자기만의 철학을 갖자 : '아이를 위해서라면 물불 가릴 것이 없다', '내 자식 먹는 것만 봐도 배가 부르다'는 말이 가진 환상은 일찌감치 버리자. 어떻게 먹지 않고 보는 것만으로도 배가 부를 수 있는가. 아이 먹는 것만 볼 것이 아니라 같이 수저를 들어야 한다. 평소 내 지론은 '아이는 나보다 먹을 날이 많다'이다. 그러니 어른부터 맛있는 것을 먹어야 한다고 생각한다. 좋은 엄마가 되려면 올바른 신념과 철학은 기본이다.

– 좋은 엄마에 대한 환상을 버리자 : 좋은 엄마에 대한 환상은 시간이 지나고 나면 삶을 허무하게 한다. 뒤돌아보면 그다지 좋은 엄마도 아니었고 그렇다고 자기 인생을 충실히 살았다는 생각도 들지 않아 후회만 남는다. 엄마의 역할은 단기간에 끝나지 않는다. 죽을 때까지 해야 한다. 나의 경우 엄마로서 다 잘할 수 없음을, 다른 엄마들처럼 할 수 없음을 아이들에게 말한다. 힘이 들 때는 힘들다고 한다. 해 줄 수 없

는 것도 마찬가지다. 사회가 정한 틀에 자신을 끼워 맞추려 하지 말자. 위대한 엄마, 위대한 모성이라는 말에 속지 말고 자신에게 어울리는 모습을 찾아가자. 자기만의 방식으로 아이를 키워 가자.

아줌마는 일을 해도 가정에 소홀하지 않으려 한다. 직장맘 같은 경우 퇴근 시간만 되면 수시로 시계를 본다. 직장에서 퇴근해 집으로 출근한다는 말이 있을 정도로 생활은 고단하지만 마음은 이기적인 엄마로 사는 듯해 늘 미안할 뿐이다. 시간에 쫓기며 일하다 보니 성취감도 줄어들고 버티고 있다는 생각마저 든다.

전업주부도 마찬가지다. 매일 육아와 가사에 시달리면서도 어쩌다 모임이나 다른 일로 귀가가 늦어지면 죄스러움마저 든다. 집안일과 아이들을 돌보는 데 대부분의 시간을 쓰면서도 잠깐의 자기 시간에 대해서는 늘 미안하다. 그래서 입버릇처럼 자꾸만 아이들에게 미안하다고 말한다.

자신의 인생을 인정한다면 본인을 위한 시간은 당연하다. 인정하지 않기에 미안하고 죄스러운 것이다. 그럼에도 미안하다는 말이 입에서 떨어지지 않는다면 엄마의 인생은 없다고 말하는 것과 같다. 당신은 어느 때 미안하다고 말하며 그렇게 말하는 이유는 무엇인가.

 엄마가 미안해

모임에 아이 한 명이 오면 정신이 하나도 없다. 아이 한 명이 어른 열 명의 몫은 하고 다닌다. 그러니 대화다운 대화는 사실상 불가능하다. 시간이 지나면 아이는 지루해져서 집에 가자고 엄마를 조르고 급기야는 울고 떼를 쓰기 시작한다. 그러면 대부분의 엄마는 식은땀을 흘리며 아이를 진정시키려 애를 쓰다가 결국 가방을 들고 일어선다. 주변 사람들에게 미안하다는 말만 남기고.

엄마들은 왜 그래야 하는가. 엄마에게도 시간이 필요함을 왜 가르치지 않는가. 나의 경우 아이가 어릴 때부터 각종 모임 등에 데리고 다녔다. 모임이 길어지면 아이는 기다리다 지쳐 언제 가느냐고 물었는데 그럴 때는 잠깐 아이를 밖으로 데리고 나가 다음과 같이 말했다.

"엄마는 네가 놀이터에서 친구랑 놀 때 매일 기다려 주지? 어제도 몇 시간 놀았더라? 사실 엄마도 기다리는 게 재미없어. 하지만 네가 친구와 충분히 놀 시간이 필요하다는 것을 아니까 참고 기다려 주는 거야. 그러니 너도 엄마를 기다려 줘. 엄마도 너처럼 친구와 이야기하고 놀 시간이 필요해. 엄마는 너처럼 자주 기다리게 하지도 않잖아. 어쩌다 한번 나왔는데 그걸 못 기다려 주면 되겠니? 재미없다는 거 알지만, 그렇게 서로 참고 기다려 주는 거야."

이렇게 단호하게 말해 두면 아이는 잘 참고 기다린다. 만약 이런 상황이 생기면 당신을 어떤 행동을 하고 어떻게 설명해 주는가. 평소 엄마에게도 시간이 필요함을 어떤 때, 어떻게 설명하는가.

엄마도 시간이 필요해!

나는 아이를 키울 때 교육적인 측면에서는 열성적이지 않다. 사람들이 많이 몰리는 데는 경쟁자가 많아 아이와 엄마 모두 괴로워지기 때문이다. 나는 경쟁자가 많은 곳에서 허덕이기보다는 유일한 사람이 되기를 바란다. 그런 생각 덕인지 그동안은 나도 아이도 느긋하게 함께할 시간이 많았다.

그러다 첫째 아이가 고등학교에 진학하면서는 상황이 달라졌다. 아이가 더는 느긋할 여유가 없다고 생각했는지 어느 날은 나를 붙잡고 답답한 속내를 털어 놓았다. 다른 엄마들은 아침마다 차로 등교시키고, 학원에 가는 날이면 수업에 늦을까 데리러 오고, 야간 자율 학습이 끝나면 피곤할까 싶어 또 데리러 온다고 했다. 학교에서 급식도 잘 나오는데 간식을 싸서 보내는 등 사소한 것까지 잘 챙겨 준다고 했다.

다른 엄마들은 당연하게 해 주는 일을 본인은 부탁해야 한번씩 해 주니 답답함을 넘어 짜증이 나는 듯했다. 대개 '공부만 잘 해다오, 엄마가 뭐든 해 줄게'하는데 그러지 않아 속상한 듯했다. 아이의 이야기를 다 듣고 나서 나는 말했다.

"그건 네 공부야. 네가 공부를 잘해서 엄마도 기쁘기는 한데, 그건 어디까지나 네 몫이야. 이만큼 컸으면 스스로 해야지. 지각할 것 같으면 차를 태워 달라고 할 게 아니라 조금 더 일찍 일어나면 되잖아. 너에게 지금 이 시간이 중요한 것처럼 엄마에게도 지금 이 시간이 중요해."

아들은 지지 않고 말했다.

"엄마, 고등학생 때가 인생에서 얼마나 중요한지 아세요? 3년을 어떻게 보내느냐에 따라 대학이 판가름 난다고요! 왔다 갔다 허비하는 시간에 문제 하나라도 더 풀어야 한다고요!"

아이의 대답에 나는 말했다.

"한 문제 더 맞는 것도 중요하지만 혼자 걷고 뛰고, 버스 놓쳐 종종거리면서 배우는 것도 있어. 엄마는 한 문제 더 맞추는 것도 좋지만 지금 이런 경험도 네 인생에서 중요하다고 생각해. 차 태워 주기 싫어서 괜히 갖다 붙이는 말처럼 들리겠지만 나중에 더 크면 알게 될 거야. 매일 차 태워 데려다 줄 수도 없지만, 사실 엄마는 그러기가 싫어. 엄마도 지금 네 인생만큼이나 중요한 인생을 살고 있거든. 엄마도 이 시간을 어떻게 쓰느냐에 따라 노후가 달라져. 그러니 각자 열심히 살면 좋을 것 같아."

아이가 어릴 때는 내 시간의 대부분을 아이를 위해 썼지만, 이제 내 손을 빌리지 않아도 될 만큼 성장했으니 서운해도 어쩔 수 없다. 가끔은 한번씩 하는 시늉이라도 해 볼까 싶지만, 이내 마음을 고쳐먹는다. 아줌마의 시간은 스스로 챙기려 들지 않으면 아무도 신경 써 주지 않기 때문이다.

당신은 아이들에게 엄마의 인생에 대해 뭐라고 이야기해 주는가. 아이가 어려 아직 말해 주지 못했다면 언제, 어떻게, 무엇이라고 말해 줄 것인가.

 엄마의 인생

아이들에게 엄마의 시간도 소중함을 알려 주어야 한다. 자식들은 엄마라면 당연히 본인들을 위해 희생해야 한다고 생각한다. 자신의 엄마에게도 꿈이 있음을, 자신과 똑같은 감정이 있음을 상상하지 못한다.

아줌마들은 아이들이 크고 나면 '누구를 닮아 그런지 모르지만, 너무도 이기적이고 쌀쌀맞다'고 말한다. 누구를 닮아서가 아니다. 이기적으로 키웠기 때문에 그렇다. 아이의 감정에만 반응했지 엄마의 감정이나 시간에 대해서는 말해 주거나 가르쳐 주지 않아서 그렇다. 지금도 늦지 않았다. 엄마에게도 인생이 있음을 알려 주고 가르치자.

Tip. 엄마의 시간도 소중함을 일깨워 주자

시간을 내줄 때도 물질적인 것을 내줄 때처럼 생색을 내야 한다. 엄마 인생의 중요한 시간을 내주고 있음을 귀가 따갑도록 이야기해 주어야 한다. 엄마라는 이름 앞에 당연한 것처럼 내주면 으레 그런 줄 알고 고마워하지 않는다.

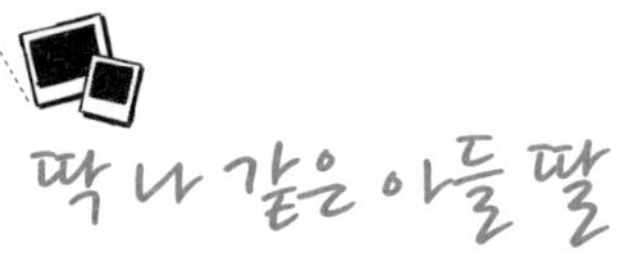

우리에게도 부모님 밑에서 꿈을 키우던 시절이 있었다. 실수해서, 늦어서, 시험 성적이 형편없어서, 약속을 지키지 않아 혼나면서 성장했다. 당시에는 '내가 엄마가 되면 아이들은 혼내지 않겠어', '공부하라고 잔소리하지도 않을 거야'라고 생각했을 것이다.

막상 부모가 되고 보면 그 말은 지켜지지도 않을 뿐더러 지킬 수도 없다. 생각해 보면 어린 시절 가장 싫었던 것이 엄마의 잔소리였는데 엄마가 되고 보니 잔소리하는 데는 다 이유가 있었다. 엄마 입장에서는 당연히 해야 하는 말인데 아이 입장에서는 쫓아다니면서 하는 잔소리로만 들린다.

첫 아이를 키울 때는 잔소리가 더 심해진다. 학습에는 특히 더 그렇다. 키워 놓고 보면 아무것도 아닌 받아쓰기 백 점에 목숨을 건다. 이제 초등학교에 들어간 아이를 앉혀 놓고 문제집을 풀리고, 영어 단어 시험도 본다. 생활 규칙 등을 어겼을 때보다 공부를 하지 않을 때 더 혼내게 된다. 다행히 둘째 때부터는 여유가 생긴다. 한번 해 보니 그렇게 열을 올리지 않아도 됨을 깨닫는다.

아이에게 잔소리할 때, 화가 날 때, 왜 저것밖에 안 되는지 비난하고 싶을 때 한번 생각해 보자. 어린 시절 당신은 매 순간 다 잘했나. 자신의 어린 시절을 떠올려 보면 지금의 아이 모습과 별반 다르지 않다. 다만 잊고 있었을 뿐이다. 그것을 인정하면 화도 비난도 누그러진다.

어린 시절을 되돌아보는 일은 아이가 힘들게 할 때, 사춘기에 접어들었을 때 꼭 필요하다. 사춘기 아이들은 말부터 먼저 뱉고 본다. 엄마 마음을 아프게 하려고 일부러 세게 말하기도 한다. 그 시기는 다 겪어 봐서 알겠지만, 일단 지르고 후회하는 나이다. 부모님 말씀을 잘 듣고 사춘기 없이 보냈다면 아이의 이런 변화가 더 힘들게 느껴질 수도 있다.

그럴 때는 글을 쓰면서 기억을 하나씩 끄집어내 보자. 아무리 얌전하게 학교생활을 했을지라도 답답했던 기억이나 친구와 엄마 혹은 학교 선생님들과 여러 갈등이 있었을 것이다. 반항하고 싶고 따지고 싶은 것들도 많았을 것이다. '난 그때 안 그랬거든. 쟤는 누구를 닮아 저러는지 모르겠어' 하지 말고 글로 써 보자.

시기는 마음대로 정해도 좋다. 어린 시절의 성격, 외모, 잘하던 과목, 메던 책가방 색상, 좋아했던 가수, 교외 활동, 친구들과 자주 갔던 분식집, 꿈, 불만 등 구체적으로 적어 보자.

 나의 어린 시절

초등학교 때 머리를 기르고 싶었는데, 난 언제나 짧은 머리였다. 엄마는 머리가 길면 감기기도 불편하고 묶어 줄 시간도 없다고 하면서 내 의사와는 상관없이 짧게 자르게 했다. 내 친구 미연이는 긴 생머리를 하고 있어 인기가 많았다. 그래서인지 내 아이는 머리를 기르게 해 주고 싶었다.

아이의 나이로 돌아가 그때 겪었던 갈등과 고민들도 써 보자.

예시

나는 5학년 때 전학을 갔다. 전 학교에서는 인기도 좋았고, 친구가 많았는데 2학기 말에 이사를 오는 바람에 혼자가 된 기분이었다. 모두가 친한데 나만 친구가 없는 듯했다. 나중에 결혼해서 아이가 생기면 절대로 이사가지 않겠다고 생각했다. 친구들과 헤어지는 것이 너무나 싫었고 낯선 환경에 적응하기도 무척 힘들었다.

나 역시 이사에 대한 글을 쓰면서 기억이 떠올랐다. 낯선 환경에 뚝 떨어진 느낌과 단짝 친구와 헤어지면서 느꼈던 속상함이 되살아났다. 어른이 되면 이사를 다니지 않겠다고 다짐했는데 남편의 직장 문제로 여러 번 이사를 다닌 것은 새까맣게 잊고 있었다. 아이들의 적응력을 믿었다.

글을 쓰면서 아이들이 낯선 환경에는 잘 적응했지만, 마음 한구석에는 그때의 나처럼 속상한 마음이 있었겠구나 하는 생각이 들었다.

이처럼 글을 쓰다 보면 보이지 않던 마음이 보인다. 이해할 수 없을 것 같던 일들도 점차 이해하게 된다. 글을 쓰면서 '과거의 나'에서 아이를 이해할 수 있는 실마리를 찾아보자. 과거를 거울삼아 현재에 비춰 보면 풀리지 않던 문제의 실마리가 보인다. 이제 아이의 입장에서 바라본 엄마(자신)의 모습을 써 보자.

Action 3-12 | **내 아이의 입장에서 바라본 '나'**

예시

엄마는 짜증을 잘 낸다. 별것 아닌 일에도 곧잘 화를 낸다. 지난번에는 약속 시간보다 조금 늦었을 뿐인데 화를 내셨다. 사실 많이 늦지도 않았다. 그런데도 엄마는 '약속 하나도 제대로 지키지 못하는데 커서 뭐가 되겠니?'라며 잔소리를 하셨다. 잔소리를 하시면서도 '나는 잔소리하기 좋은 줄 아니? 다 너를 위해서 그러는 거야'라고 하셨다. 아빠가 늦게까지 술을 드시고 온 다음 날에는 특히 더 심했다. 아빠에게 내고 싶은 화를 나에게 덮어씌우는 것만 같다.

그런 다음 자신의 입장에 대해서 써 보자. '아이가 잘되라고' 등의 이유는 빼고 자기 안에서 그 이유를 찾아보자. 혹 내가 이루지 못한 것을 이루었으면 하는 생각에서 다그쳤던 것은 아닌지, 남편의 단점이 아이에게 보여서 더 잔소리하고 짜증 냈던 것은 아닌지 마음을 살피면서 솔직하게 써 보자.

<table><tr><td>Action 3-13</td><td>**그때 나는 왜 그랬을까?**</td></tr></table>

남에게 피해 주지 않는 아이로 기르는 법

지방으로 이사하면서는 종종 고속버스를 이용하게 됐는데 어느 날은 볼일이 있어 일찍 차를 타야 했다. 보통 아침 일찍 타면 승객 대부분 잠을 잔다. 버스를 놓치지 않기 위해 일찍부터 서둘렀기 때문이다. 출발한지 몇 분이 되지 않아 여기저기서 코고는 소리가 들려왔다. 나 역시 가방을 내려놓고 잘 준비를 한 뒤 버스가 출발하자마자 눈을 감았다. 얼마 지나지 않았을 때였다. 카랑카랑한 아이 목소리가 귓전을 파고들었다.

"엄마, 저 텔레비전은 왜 소리가 안 나와?"

눈을 떠 보니 나와 통로를 사이에 두고 엄마와 네다섯 살쯤 되는 아이 둘이 앉아 있었다.

"응, 다들 자니까 안 나와."

엄마의 대답에도 아이는 계속 텔레비전의 소리를 키워 달라며 큰 소리로 칭얼댔다. 결국, 엄마는 아이의 주의를 돌리기 위해 과자를 꺼냈는데 두 아이는 얌전히 먹는가 싶더니 돌연 싸우기 시작했다. 한 아이는 울고, 다른 아이는 노래를 불렀다. 엄마는 이번에도 아이들을 달래기 위해 과자를 꺼냈다. 나는 고문당하는 기분이어서 참다가 결국 한마디 하고야 말았다.

"아가! 아줌마가 졸려서 그러는데 조금만 조용히 해 줄래? 여기는 여러 사람이 함께 있는 곳이잖아."

아이가 엄마를 쳐다보지만 엄마는 무표정하다. 아이의 눈빛은 이 상황을 설명해 달라는 듯한데 엄마는 그저 '쉿'하고 만다. 여러 사람들과 함께 이용하는 곳이니 조용히 해야 한다고 가르치지 않는다. 그러더니 이번에는 귤을 꺼내서 먹인다. 기본적인 예의범절조차 가르치지 않는 엄마의 태도가 같은 부모로서 참 안타까웠다.

이런 경험은 비일비재하다. 대중교통을 이용하거나 공중목욕탕, 식당, 대형 마트, 각종 편의 시설과 놀이 시설 등에 가 보면 흔히 볼 수 있는 광경이다. 요즘 부모들은 자기 아이만 좋다면 남들의 시선 따위는 아랑곳하지 않는다. 아직 어려서 혹은 주눅이 들것 같다는 이유로 훈계를 미룬다.

이렇게 한번 잘못 든 습관을 나중에 바꾸려면 지금의 몇 배에 달하는 시간과 노력이 든다. 당신은 어떤가. 아이들에게 공공장소의 예의범절에 대해서 가르치고 있는가. 사춘기 혹은 그보다 더 큰 아이들에게도 마찬가지다. 몸만 컸지 남들과 같이 쓰는 공간에 대해서 모르기는 매한가지다. 당신은 더불어 사는 방법에 대해 어떻게 이야기해 주는가.

첫째 아이가 초등학교에 다닐 때의 일이다. 같은 반에 몸이 좀 불편한 아이가 있었는데 친구들이 괴롭히는 모양이었다. 아이는 학교에서 돌아오면 친구들이 그 아이를 놓고 놀린다며 걱정했다. 그러던 어느 날 같은 반 아이들 중 몇몇이 그 아이를 화장실에 가둬 두는 사건이 발생했다. 바지에 오줌을 쌌다는 이유에서였다. 냄새가 나니 나오지 못하도록 밖에서 문을 잠가 버린 것이다.

나중에 그 사실을 안 선생님께서 달려가 아이를 꺼내 주셨지만 놀란 탓인지 쉽게 울음을 그치지 않았다고 했다. 충격이 상당했을 것이다. 아이의 엄마가 소식을 듣고 달려와 데려갔다고 하는데 그 심정은 어땠을까 싶다. 울며 한달음에 달려와 안기는 아이를 보며 그 엄마의 마음은 어땠을까.

"그 엄마의 마음은 찢어지는 것 같았겠다. 평소 학교에 보낼 때도 조마조마했을 텐데. 그런데 그때 넌 뭘 하고 있었니? 그 친구가 그렇게 당하고 있을 동안."

아이는 심부름을 하느라 교무실에 있다가 선생님과 같이 교실로 왔다고 했다.

"그 자리에 있었다면 반드시 도와주어야 해. 보고도 못 본 척하거나 적극적으로 도와주지 않으면 똑같은 사람이 되는 거야. 사람들이 많으니 누군가 나서서 도와줄 거야 하고 보고만 있어도 안 돼. 다른 사람들도 다 그렇게 생각하고 선뜻 도와주지 않거든."

그러면서 도울 힘이 없거든 도움을 줄 수 있는 곳에 알리기라도 해야 한다고 거듭 설명하고 다짐까지 받았다. 당신은 아이에게 남을 돕는 방법에 대해서 어떻게 가르치고 있는가.

Action 3-15 **친구를 돕는 방법에 대한 교육**

앞에서 말한 예들은 아이의 잘못만은 아니다. 부모가 가르치지 않아서 그렇다. 세상을 깜짝 놀라게 하는 아동, 청소년 범죄의 이면을 들여다보면 당하지 말라고만 할 뿐 피해 주지 말라고 가르치지 않아서 그렇다. 내 자식이 당하면 부르르 떨지만, 남이 당하는 피해에는 무감각하게 반응하는 것도 아이들에게 큰 영향을 미친다.

아이들은 자라면서 남들과 소통하는 능력, 더불어 살아가는 방법 등을 배워야 한다. 내 아이가 괜찮으려면 그 사회가 괜찮은 사회여야 하고 그러려면 괜찮은 사람들이 많아져야 한다. 그럼에도 '내 자식만 괜찮으면' 하고 싸고돌면서 이기적인 사람으로 키울 것인가. 함께 살아가는 데 필요한 기본적인 예의조차 가르치지 않으면서 올바른 관계를 맺고 소통하는 어른으로 성장하리라 기대하는 것은 대단히 큰 착각이다.

시댁과의 대화, 벙어리 몇 년 차세요?

사람들은 자기가 속한 곳에서 인간관계를 맺고 서로의 마음에 들기 위해 노력한다. 결혼 전에는 여자들도 자기 중심으로 관계를 형성하기 때문에 그렇게까지 힘들지 않다. 화가 나면 화를 낼 수도 있고, 말도 안 되는 것을 요구하면 무시하거나 거절할 수 있다.

결혼 후부터는 이것이 쉽지 않아진다. 대표적인 관계가 바로 시댁이다. 가족인 듯 가족 아닌 시댁 말이다. 시댁과의 관계를 보면 처음부터가 남편 중심이다. 아들 바라기인 시부모님께서 당신도 그렇게 봐 주면 좋겠지만 실상은 진딧물 취급이다. 결국, 당신의 의도와 노력에 상관없이 관계가 흘러간다.

어떤 경우는 시작부터 틀어지기도 한다. '처음부터 네가 마음에 들지 않았지만, 아들이 좋다고 하니 어쩔 수 없이'라고 하는 경우도 있고, 백번 잘하다 한번 서운하게 하면 등을 돌리는 경우도 있다. '내 아들 고생시키지 말고, 너도 나가서 돈 좀 벌어라' 하며 무능력한 사람 취급도 서슴지 않는다.

반대로 며느리가 너무 잘나가도 눈엣가시다. '네가 잘나면 얼마나 잘났니'라며 남편 기죽이지 말라고 사사건건 잔소리한다.

이처럼 시댁은 남편을 놓고 보면 가족인 것 같지만, 남편이 없을 때는 마음 둘 곳 없는 남의 집이다. 노력하는 만큼 좋아져야 하는 것이 관계인데 시댁은 그마저도 쉽지 않다.

결혼한 여자들 대부분이 시댁을 불편해한다. 속마음을 표현할 수 없기 때문이다. 하고 싶은 말이 있어도 참아야 하고 속에서 천불이 나도 삼켜야 한다. 쉴 때도 다리 한번 펴고 누울 수도 없다. 피곤해 잠깐 눈이라도 붙이려는데 밖에서 달그락 소리가 나면 재빨리 나가 봐야 한다. 끊임없이 눈칫밥 신세다. 상황이 이렇다 보니 시댁만 가면 몸도 마음도 불편해진다. 놓을 수 없는 인연의 끈이지만, 어떨 때는 그마저도 붙잡고 있기가 힘들어진다.

남편과 이혼하지 않는 이상 시댁은 존중의 대상이다. 남편과 친정의 관계도 마찬가지다. 싫어도 좋아도, 마음에 들어도 들지 않아도 끊을 수 없는 관계에 놓인 사람들이다. 그렇다면 언제까지 불편해하고만 있을 것인가.

시댁 문제는 외면하거나 피한다고 될 일이 아니다. 다음의 칸에 각자가 가지고 있는 시댁과의 갈등을 써 보자. 그리고 이어서 시댁이 편하지 않은 이유도 같이 써 보자.

  내가 가진 시댁 문제

순위	내용

  시댁이 편하지 않은 이유

왜 시댁에서는 하고 싶은 말을 다 하기가 어려울까. 말만 편하게 해도 숨통이 트일 텐데. 결혼하면 귀머거리 3년, 벙어리 3년이라는데 그야말로 다 옛말이다. 그러면 골병든다. 하고 싶은 말이 있으면 참지 말고 해야 한다. 그렇지 않으면 처음 3년이 평생 간다. 무엇이든 처음에 하지 않고 나중에 가서 하려면 몇 배는 더 어렵고 힘들다.

시댁 식구들이 하는 듣기 싫은 말 혹은 보기 싫은 행동들을 적어 보자. 그리고 그럴 때마다 하고 싶었던 말과 행동을 정리해 보자.

Action 3-18 | 듣기 싫은 말, 행동

나 역시 처음에는 할 말을 다 하지 못했다. 어려워서라기보다는 어색했다. 결혼 후 가족이 되었으니 급속도로 친해져야 한다는 것이 불편하고 부담스러웠다. 그러다 보니 말도 편하게 나오지 않았고, 시간이 갈수록 대화는 단답형으로 끝나기 일쑤였다. 불편한 점이 있어도 입 꾹 닫고 내색하지 않게 되었다.

그랬더니 시어머니께서 듣기 거북한 말씀을 계속하셨다.

"네 신랑이 어렸을 때부터 인기가 얼마나 많았는지 모른다. 내 친구 딸이 어릴 때부터 쫓아다니면서 시집을 오겠다고 했는데. 지금 그 애는 ○○은행에 다니면서 그렇게 돈을 잘 번다더라."

이때 내가 별 반응을 보이지 않자 몇 번이고 같은 말을 반복하셨다. 듣기 좋은 소리도 한두 번이라는데 싫은 소리를 계속 듣다 보니 나중에는 마음이 상했다. 이런 경우 나에게도 책임은 있다. 상대방은 나의 기분을 알지 못하기 때문에 표현하지 않으면 생각 없이 계속 말할 수밖에 없다. 그래서 글을 쓰면서 두 가지 대답을 만들었다.

'어머니, 괜한 말씀 마세요. 아들 자랑이라고 생각하시겠지만, 그런 말씀이 결국 저희 둘 사이에는 싸움밖에 안 돼요. 집에 가서 둘이 죽어라 싸우라고 하시는 말씀이 아니라면 그런 말씀은 하지 말아 주세요.'

'저는 그이보다 인기가 더 많았어요. 좋다고 따라다니는 남자들의 직업에 죄다 '사'자가 들어갔고요. 쫓아다니던 남자들 중에 그이 직업이 제일 후져요. 어머니도 제가 이렇게 말하니 기분 안 좋으시죠? 그러니 그런 말씀은 이제 그만하세요.'

이렇게 준비를 해 놓고 시어머니께서 명절에 다시 그 말씀을 꺼내셨을 때 준비했던 말을 했다. 둘 중 어떤 말을 했을지는 상상에 맡긴다. 그 뒤부터는 다시는 그런 말씀을 하지 않으신다. 물론, 처음부터 술술 나오지는 않는다. 사실 처음이 어렵지 한번 해 보면 금세 늘고,

나중에는 서로 농담도 주고받게 된다.

하고 싶은 말이 있으면 참지 말고 해라. 말이 너무 많아도 문제지만, 너무 적어도 갈등의 원인이 된다. 갈등의 시작은 늘 말이다. 그러니 이왕 갈등이 생길 거라면 말이라도 시원하게 하자. 사람은 속마음을 알 수 없을 때 더 많은 갈등이 생긴다.

 듣기 싫은 말과 행동에 대한 답변

이제, 시댁에서 자신의 모습에 초점을 두고 글을 써 보자. 적당한 거리를 두기 위해 그녀라는 3인칭 시점에서 글을 써 보자.

 시댁에서의 내 모습

당신은 시댁에서 어떤 모습으로 있는가. 내 집은 아니지만, 일 년에 몇 차례씩 드나들어야 한다면 적어도 스트레스는 없어야 한다. 쉬고 싶을 때 편히 쉴 수 있어야 한다. 앞에서도 말했지만, 몸이 편해야 마음도 편해지고 하고 싶은 말도 다 할 수 있다. 시댁에 갔을 때 맞지 않는 옷을 입은 듯 불편해할 이유가 없다. 옷이 몸에 맞지 않다면 세월 따라 고쳐 입자.

시댁과의 문제에서 대부분의 원인 제공은 바로 자기 자신이다. '힘들겠다. 가서 좀 쉬어라' 하시면 '괜찮아요. 어머니' 대신 '감사합니다. 어머니도 그럼 쉬세요' 하고 들어가서 한숨 자면 된다. 처음에는 곧이곧대로 듣는다고 꾸중하실 수도 있지만, 그것이 시댁과의 거리를 좁히는 방법이다. '그거 다하면 이것도 해라'고 하시면 무조건 '네' 할 것이 아니라 '이것도 힘들어요' 하고, 그래도 해야 할 일이면 혼자 하지 말고 남편을 끌어들이자.

나의 경우 명절에 부엌일이 힘에 부치면 텔레비전을 보는 남편에게 도움을 청했다. 처음에는 두 분 다 펄쩍 뛰셨다. 남자는 부엌에 있으면 안 된다며 버럭 화를 내셨다. 그래도 꿋꿋하게 버텼다. 남편도 눈치가 있어서 시댁에만 가면 거들려고 했다. 그럴 때마다 나는 시어머니께 말씀드렸다.

"어머니, 어머님은 그이 키우면서 부엌에 못 들어오게 하셨는지 모르지만, 그때는 어머님 자식이고요 지금은 제 남편이기 때문에 부엌에 들어와서 저를 도와줘야 해요."

처음에는 어려웠지만 지금은 당연한 일이 되어 명절이 되면 남편은 나와 함께 전을 부친다. 이제는 남편이 자고 있으면 시어머니께서 먼저 '얼른 깨워라. 전 부쳐야지'하고 말씀하신다.

그뿐만이 아니다. 명절에 전을 부칠 때마다 기름 냄새 때문에 속이 좋지 않아 맥주 한 캔씩을 꼭 사다 마셨다. 그러면 시댁 어른들은 술을 즐기시는 분들이 아니라 한 캔도 아주 질색하셨다. 여자가 대낮부터 술을 마신다며 뭐라고도 하셨다. 하지만 어쩔 수 없었다.

"기름 냄새 때문에 속이 좋지 않아서 그래요. 그리고 명절에 여자들이 하는 일이 얼마나 고된데요. 거기에 술까지 빠지면 얼마나 일하기 싫은 줄 아세요?"

지금은 명절에 가면 냉장고에 시원한 맥주가 몇 캔씩 들어 있다. 이따금 시어머니께 권할 때도 있지만, 여전히 술은 못하신다. 한번은 맥주가 없어 사러 나가려고 옷을 입으니 시어머니 아버님을 호출하셨다.

"여보, 며느리 맥주 하나 사다 줘!"

시댁과의 관계도 다른 사람들과의 관계처럼 길들이기가 필요하다. 결혼한 지 10년이 되었는데도 시댁이 불편하다면 길들이지도 길들여지지도 않은 것이다. 처음에만 어렵지 물러서지만 않으면 나중에는 서로 다름을 인정하게 된다.

지인 중 한 명은 시부모님이 집에 오실 때마다, 아프다고 하실 때마다 가슴이 철렁한다고 한다. 언제 같이 살자고 하실지 모르기 때문이다. 남편은 보나마나 알았다고 할 테지만 자신은 그렇지 않다고 했다. 같이 살 수 없을 것 같다고 했다.

문제는 본인의 성격상 그렇게 물어 오면 눈치만 보다가 남들이 원하는 답을 하게 될 것 같다고 했다. 그런 상황이 오면 분명하게 의사표현을 하라고 조언했지만 소용이 없었다. 오히려 듣기 거북하지 않은 거절의 말은 없느냐고 되물었다. 거절은 아무리 예쁘게 포장해도 듣기 싫은 법이다. 돌려 말할 때 오히려 더 기분이 나쁠 수도 있다.

나의 경우 남편이 2남 3녀 중 막내지만 형이 결혼을 하지 않아 며느리가 나뿐이다. 상황이 이렇다 보니 시부모님은 가끔씩 농담처럼 내게 물으셨다.

"혹시 나 늙고 힘없어지면 같이 살래?"

나는 솔직하게 말씀드렸다.

"어머니, 농담으로라도 그런 말씀 마세요. 전 같이는 못 살아요. 저희 엄마가 같이 살자고 해도 마찬가지고요. 근처로 오셔서 사시는 것은 괜찮지만, 같이는 안 돼요."

서운하셨을 테지만 나로서는 어쩔 수 없었다. '글쎄요……'라며 긍정도 부정도 아닌 대답보다는 훨씬 낫다고 생각한다. 어떻게 보면 모호한 대답 자체가 희망 고문이 아닐까 싶다. 그분들도 내 의사를 알아야 제대로 된 노후를 계획하실 것이 아닌가.

끝으로 시댁에서 앞으로 요구할 일들에 대해서 글로 적어 보자. 그러면서 마음속으로 거절해야 할지, 받아들여야 할지도 결정해 보고 왜 그렇게 생각했는지도 함께 적어 보자. 집집마다 사정이 다르니 그에 맞게 이야기를 쓰면 된다.

Action 3-21 │ 시댁 관련 앞으로 감당해야 할 일들

어떻게 하면 편한 관계를 만들어 갈 수 있을지 생각해 보자. 편한 관계가 되려면 지금의 상황에서 어떤 것을 바꾸어 나가야 하는지 글로 옮겨 보자.

　　때로는 어물쩍거리다가 적절한 타이밍을 놓쳐서 사는 내내 스트레스를 받을 수도 있다. 그렇게 되면 '이제 어쩔 수 없지', '나만 참으면 모두가 편해' 하는 지경에 이르게 된다. 남편에게, 시댁에서 인정받기 위해 힘들어도 '그냥 하자'가 된다.

　　단기간에 끝나는 일이라면 싫어도 참으면 그만이다. 문제는 장기간에 걸쳐 책임을 다해야 하는 경우다. 이때는 무조건 참는 것이 능사는 아니다. 오히려 나중에는 참았던 것이 독이 되고 갈등의 불씨가 된다.

　　참고 하는 행동의 밑바닥에는 보상 심리가 깔려 있어 적절한 보상이 따르지 않으면 상처가 되기 쉽다. 쌓아 둔 것이 넘쳐 폭발하기 직전이라면 쌓아 두지만 말고 글로 써서 풀어내자. 당장은 다 해소되지 않아도 적지 않은 위안이 될 것이다.

– 마음에 들기 위한 노력을 하지 마라 : 노력하면 할수록 몸도 마음도 무거워진다. 그게 어디든 잘 보여야 하는 자리에 오래 앉아 있다 보면 몸에서부터 반응이 온다. 몸이 피곤하면 신경도 날카로워진다. 별말 아닌데도 신경질이 난다. 거듭 말하지만, 시댁은 오래 봐야 하는 관계이다. 처음부터 너무 잘하다가 나중에 제 풀에 지쳐 못하게 되면 욕 들어 먹기 딱 좋다. 백번을 잘해도 한번 못해서 틀어질 수 있는 관계에서는 마음을 천천히 주고받아야 한다. 누구를 만나도 이 사실은 변하지 않는다. 처음에만 잘하는 사람보다는 볼수록 진국인 편이 더 낫다.

– 편하게 지내겠다고 작정하라 : 시댁에서도 자연스럽게 내 집처럼 누워 텔레비전을 볼 수 있어야 한다. 의도적으로 들리는 부엌의 소음을 차단하고 잠도 잘 수 있어야 한다. 당장 내 몸이 편해야 마음도 줄 수 있다.

– 말을 아끼지 말고 실수를 통해 배워라 : '이런 말을 하면 어떻게 생각할까?'라는 생각이 들면 자연히 말수가 줄어든다. 그러니 사춘기 아이들처럼 생각하지 말고 먼저 뱉고 보자. 어차피 남편과 사는 동안에는 보고 싶지 않아도 봐야 한다. 서로를 알기 위해서는 굳게 잠긴 마음부터 열고 가야 한다. 이렇게 말하면 '그게 가능했으면 지금 이러고 살겠어요?'라고 묻는데 안다. 당장은 어려울 것이다. 그래서 연습이 중요하다. 그 연습이 글쓰기다. 물론 글을 쓴다고 해서 당장 하고 싶은 말을 다 할 수는 없지만, 글로 써서 무의식에 저장해 두면 언젠가 말이 되어 입 밖을 나올 것이다.

씻을 수 없는 상처는 없다 : 배우자의 외도

'남편의 외도'에 대해서는 첫 책《아줌마, 당신은 참 괜찮은 사람입니다》에서 많은 조언을 했기에 넣지 않을까 고민했다. 하지만 이때만큼 글쓰기가 절실할 때가 없음을 알기에 넣기로 했다. 글쓰기는 상처를 치유하는 데 효과적이다.

쓴다는 행위 자체는 객관적인 시각을 갖도록 도와준다. 당장은 고통이 줄어들지 않더라도 자신을 돌아보게 해 준다. 모든 문제의 해결은 현실에 발을 딛고 있는 데서 출발한다. 상상 속에서 수백 번의 복수극을 펼쳐 봤자 본인만 괴로워진다.

현실에 발을 딛는 첫걸음이 글쓰기가 될 수 있다. 가능한 객관적으로 상처에 대해 써 보자. 심증이나 덧붙인 상상은 따로 써 두자. 사실과 상상을 구분해 써 보는 것이다. 어떤 일은 사실인지 아닌지 헷갈릴 것이다. 고통을 호소하는 사람들을 보면 자신이 더한 상상으로 더 힘들어한다. 상상만 덜어내도 마음이 훨씬 가벼워진다. 사실과 심증(상상)으로 나누어 글을 써 보자.

 사실과 심증

사실 (눈으로 직접 보고 확인한 것)

심증 (상상+전해 들은 얘기)

적은 내용을 비교해 보자. 사실과 심증 중 어느 것이 더 많은가. 사실이 더 많다면 앞으로 함께할지 말지부터 결정하기 바란다. 그러면서 그 사실을 알아 가는 동안 당신은 무엇을 하고 있었는지 반성하자. 남편과 나눈 대화도 감정을 앞세우지 말고 드라마 대사를 적듯이 써 보자. 나와 남편의 입장을 오가면서 적어 보자.

Action 3-24 **남편과 외도에 대해 나눈 대화**

나

남편

Action 3-23과 Action 3-24를 토대로 그동안의 일들을 글로 써 보자.

 그동안의 일들

과거의 일이라고 해도 감정이 되살아나 힘들 텐데 현재의 일이라
면 상상도 하기 싫을 만큼 고통스러울 것이다. 그래도 써야 한다. 글
쓰기는 문제로부터 일정한 거리를 갖게 한다. 고통스러울수록 거리
가 필요하다. 숲을 보기 위해서는 빼곡한 나무 사이에 있지 말고 숲
바깥으로 나와야 한다.

그런 다음 어떤 행동을 했는지 살펴보자. 당신은 외도를 알고 어떻
게 행동했는가. 앞으로 어떻게 행동할 것인가. 대부분 행동에 대해 쓰
라고 하면 '분노했다, 화가 났다, 울었다, 용서하기로 했다'라고 쓰는
데 그것은 감정적인 반응일 뿐 행동이 아니다. '분노해서 어떤 행동

을 했다', '화가 나서 어떤 행동을 했다', '울고 나서 어떤 행동을 했다'
라고 써야 한다. 예를 들면 '화가 나서 남편과 싸웠다', '분노한 나머
지 남편을 내쫓았다', '울면서 보따리를 싸서 친정으로 갔다' 등이다.

그 뒤 앞으로 어떤 행동을 할 것인지에 대해서도 써 보자. 여기서
중요한 것은 '적극적인 행동'이다. 대개 일이 원만하게 해결되고 나서
도 적극적인 행동을 하지 못한 것을 후회하는 경우가 많다. 현재의 행
동, 앞으로 할 행동을 생각해 글로 정리해 보자.

Action 3-26 **지금까지의 행동, 앞으로 할 행동**

지금까지의 행동

앞으로 할 행동

행복이라는 산에 올라가고 싶다면 구덩이에 한번 빠졌다고 불평하
면 안 된다. 빠진 것은 이미 어쩔 수 없는 과거이다. 지금 해야 할 일
은 여기서 나갈 방법을 찾는 것이다. 손으로 흙을 파든, 소리쳐 도움

을 청하든 올라가는 방법을 연구해 행동으로 옮겨야 한다. 감정에 사로잡혀 울고만 있으면 절대로 구덩이를 빠져나올 수 없다. 백날 머릿속으로 상황을 반복해 봤자 달라지는 것은 없다.

여자들은 남편의 외도를 알게 되었 때 보통 세 가지를 생각한다.

'남편이 나와 아이를 배신했다. 도대체 그 여자가 누구지?'

'남편에게 버림받지는 않을까? 나와 아이 대신 그 여자를 선택하면 어쩌지?'

'나와 아이를 배신한 남편을 내가 먼저 버릴까?'

여기서 세 번째 생각을 하다가 경제적인 문제, 아이 문제 등 현실적인 부분과 부딪히면 다시 처음으로 돌아가게 된다. 그렇게 수도 없이 도돌이표만 찍는다. 이런 경우 칼자루를 쥐고도 휘두르지 못하는 것과 같다. 남편의 생각이 아닌 나의 생각에 초점을 맞추자. 무조건 나를 중심에 두고 생각하자.

그런 뒤 Action 3-26에서 쓴 앞으로 할 행동에 대한 결과를 예측해 보자. 물론, 결과를 예측한다고 해서 그것이 현실이 되거나 딱 맞아 떨어지지는 않는다. 나의 경우 고통스러울 때 극단적인 행동과 그에 따른 결과를 먼저 상상하는 버릇이 있다. 그러면 실제 상황은 그보다 덜하다는 것이 위안이 되는지 크게 힘들지 않고 일이 다 지나간 듯 느껴진다. 누구에게나 그런 것은 아니니 참고만 하기 바란다.

끝으로 결혼 전 힘들었던 순간을 떠올려 보자. 상대의 외도 역시 지금까지 겪어 온 수없이 힘들었던 순간들처럼 지나갈 것이다. 당신은 어른이 되기까지 많은 고통을 이겨 왔다. 그러니 이번에도 이겨 낼 수 있다.

인간의 모든 시련에는 다 이유가 있다. 이유를 알고 싶다면 문제를 뚫고 가야 한다. 뚫고 가야만 그 이유를 알 수 있다.

힘들었던 일

극복의 과정

"저마다 힘겨운 고통을 호소하고 있다. 그런데 고통은 한편으로 신이 내리는 자명종이기도 하다. 그 경종 소리를 들으며 우리는 제정신을 차리고 살아야겠다는 마음을 먹기도 하기 때문이다." – 제임스 알투처, 클라우디아 알투처, 《거절의 힘》 중에서

부부가 함께 만들어 가는 '결혼 행복 유전자'

'결혼'하고 나면 일이 많아진다. 갑자기 챙겨야 하는 일, 행사, 관계 등이 늘어난다. 누릴 수 있는 권리보다는 의무가 많아진다. 아줌마 전용 커뮤니티 등을 보면 결혼 생활에 대한 불평, 불만 힘듦을 호소하는 이야기들로 넘쳐 난다.

결혼 생활이 행복하지 않다고 말하는 사람들을 보면 상대의 몫까지 본인이 하는 경우가 많다. 그런 경우 처음부터 남편, 시댁 식구들의 길을 잘못 들였다는 공통점을 가지고 있다.

결혼 초에는 사랑한다는 이유로 무엇이든 대신 짊어지려고 한다. 상대도 처음에는 그런 태도에 고마워하고 미안해한다. 그러다 시간이 지나 익숙해지면 당연하게 여긴다. 자기 몫만 해도 피곤한데 늘 2인분의 삶을 살려고 하니 삶의 무게가 점점 무거워진다. 결국, 이런 태도가 상대를 집안일에서 멀어지게 만든다. 육아를 할 때도 마찬가지다. 일절 도움을 받지 못한다. 이렇게 길이 들면 남편들은 자기 집안일(시댁)에도 뒷짐을 지게 된다.

많은 아줌마들이 아이를 키울 때 도와주지 않았다는 이유로, 외도를 했다는 이유로, 외로울 때 손잡아 주지 않았다는 이유로 남편을 원망한다. 몇 년의 외로움을 평생에 걸쳐 앙갚음하려고도 한다. 원망은 모든 것을 삐딱하게 보도록 만든다. 가벼운 말에도 상처받게 하고, 의도와 다르게 해석하고 오해하게 한다. 그렇게 되면 몸만 함께할 뿐 마음은 이미 떠난 부부처럼 단절되기 마련이다. 결국, 부부의 이름은 사라지고 부모로만 살게 된다. 사랑했던 마음은 원망으로 변하고 미움만 남는다.

'사랑, 믿음 등을 회복할 수는 없나요?' 하고 물으면 어떤 아줌마는 그런 것은 포기한 지 오래됐다고 말한다. 결혼 생활의 포기는 이혼이다. 그러니 경제적인 이유, 양육 등의 이유로 이혼을 미룬 채 늙어서 복수할 날만 기다리는 것은 옳지 않다.

죽음을 앞둔 사람들의 후회 중 하나가 미움에 눈멀어 가까이 있는 남편 혹은 아내의 소중함을 잊고 살았다는 것이다. 그들은 다시 돌아갈 수 있다면 '고마워', '사랑해'라는 말을 충분히 전하고 싶다고 말한다. 이렇게 후회하지 않으려면 포기라는 말은 접고 살아갈 많은 날들을 위해 노력해야 한다.

그 첫 단계로 지금의 남편과 연애할 때를 떠올려 보자. 지금의 남편을 어떻게 만났는가. 그의 어떤 점이 좋았는가. 결혼하기까지 일련의 과정을 기억해 보자. 따뜻하고 행복한 기억이 많을수록 다시 한번 잘해 보고 싶어질 것이다.

　　결혼 생활을 되돌아봐야 하는 이유가 꼭 자신의 행복 때문만은 아니다. 부모의 결혼 생활은 훗날 자녀에게도 영향을 준다. 아이들은 부모의 결혼 생활을 보고 배운다. 그러니 자녀들에게 '결혼 행복 유전자'를 물려주려면 노력해야 한다.

　　우리가 부모의 결혼 생활을 보고 어떻게 부부 관계를 만들고, 서로를 아껴야 하는지 배운 것처럼 아이들도 그렇게 배운다. '나는 불행했지만, 너희들은 행복해야 해'라는 말은 모순이다. 지금 당신은 행복한가. 본인의 결혼 생활에 대한 행복 지수를 토대로 행복한 이유 혹은 행복하지 않은 이유를 솔직하게 써 보자.

　　행복하지 않다면 무엇이 문제일까. 앞에서 이야기한 것처럼 너무 많은 짐을 짊어졌기 때문은 아닐까. 남편과 나눠야 할 짐 혹은 역할이 있다면 이제부터라도 재분배해 보자.

 역할의 재분배

　　남편과 함께 하고 싶은 일 혹은 해 주었으면 하는 일이 있는가. 함께 하고 싶은 일이 많다면 행복하게 살고 있을 가능성이 높다. 그에 반해 해 주었으면 하는 일이 많다면 아직 서로 맞추어 가야 하는 부분이 많음을 뜻한다. 무엇이든 좋다. 행복한 앞날을 위해 다음의 목록을 작성해 보자.

 남편과 함께 하고 싶은 일 & 해 주었으면 하는 일

**함께 하고
싶은 일**

**해 주었으면
하는 일**

이제 결혼 생활 중에 생긴 불만들을 적어 보자. 무엇이든 좋다. 형식에 관계없이 편하게 써서 정리하면 된다. 끝에는 스스로 달라져야 하는 부분을 적어 마무리하자.

Action 3-33 **결혼 생활 중 불만 & 내가 고칠 부분**

예시

결혼 후 명절 당일은 시댁에 가서 보낸 뒤 다음 날 친정에 가려고 했다. 그런데 시부모님과 남편이 명절 내내 시댁에 있기를 원했다. 처음에는 그래도 가야지 했는데 나중에는 싸우기 싫어서 명절에 친정 가는 것을 꿈도 꾸지 않게 되었다. 지금은 이런 상황에 익숙해져 친정에 가지 못하는 것이 당연하게 느껴진다. 글을 쓰다 보니 그 점이 내게는 늘 불만이었음을 깨달았다. 싸우더라도 처음부터 친정에 갔어야 했다. 명절 내내 남편을 얄밉게만 봤는데 생각해 보니 나도 친정에 가야겠다고 고집하지 않았다. 이런 불만을 알았으니 지금부터라도 명절에 친정을 다녀와야겠다.

쓴다고 해서 문제가 당장 바뀌지는 않지만, 무엇이 문제였는지는 알 수 있다. 그러면 의식적으로 꼬인 부분을 풀기 위해 노력하게 되고, 요구 사항이 있으면 당당히 요구하게 된다. 그러면서 자신의 과오도 깨닫게 된다. 결혼 생활은 작용과 반작용으로 이루어진다. 일방적인 것은 없다. 같이 만들어 왔음을 기억한다면 이해의 폭도 넓어진다.

끝으로 남은 결혼 생활에 대해 적어 보자. 앞으로 몇 년이나 더 남았을까. 남편과 어떻게 늙어 갈 것인가. 은퇴 후 아이들이 떠난 집에서 둘이 같이 있는 모습을 상상하면서 써 보자. 생각만으로도 끔찍하다면 그럴수록 자세하게 써 보자. 그래야 그렇게 늙지 않도록 노력할 테니. 자녀들에게 어떤 부부의 모습을 물려주고 싶은지도 정리해서 써 보자.

Action 3-34　**노부부의 모습 & 자식에게 물려주고 싶은 부부상**

– 긍정적으로 생각하라 : 말은 내가 어떻게 듣느냐에 따라 의미가 달라진다. 말은 하는 사람의 문제보다 듣는 사람이 문제인 경우가 많다. 관계 속에서 힘들어하는 아줌마들을 보면 남의 말을 깊게 받아들여 의미를 파악하려고 한다. '넌 그렇게 생각해? 난 아닌데!' 하면 될 일을 '괘씸하게 저런 말을 하다니. 평소 날 어떻게 생각한 거야!' 한다. 긍정적으로 생각하면 어떤 일이든 큰 시각으로 바라보게 된다. 그러면 사소한 말에 매이지 않는다.

– 관계의 스트레스는 글로 풀자 : 단순하지 않은 문제도 쉽게 생각하면 별일 아닌 듯 풀릴 때가 많다. 글쓰기가 만병통치약은 아니지만, 자신과의 대화를 통해 스트레스에 대한 내성을 키우는 데는 도움이 된다. 내성이 생기면 관계 속에서 받는 웬만한 스트레스는 툭 쳐 내게 된다.

– 상대의 마음에 깊이 관여하려 하지 마라 : 일단 무슨 말 혹은 일을 했다면 이미 넘어간 공이라고 생각하자. 남의 마음을 헤아리려고 하는 사람일수록 자신에 대해서는 잘 모른다. 자기 마음부터 헤아리려는 연습이 필요하다. 남편 마음, 아이들 마음, 시댁 식구들 마음, 동네 아줌마들 마음 등 세세한 것까지 다 헤아리려고 하지 말자. 다른 사람의 감정, 말에 대해서는 어느 정도 의연해질 필요가 있다. 그래야 자신에게 집중할 수 있는 시간도 늘어난다.

Chapter 4.

나를 찾아 떠나는 여행

인생에서 졸업식과 입학식이 필요한 이유

입학식, 졸업식, 결혼식 등 우리는 살아가면서 많은 의식을 치른다. 의식을 통해 중요한 순간을 기억하고 마음가짐을 새롭게 한다. 우리의 무의식은 의식의 순간들을 세세하게 기억한다. 의식儀式이 의식意識을 지배한다. 의식을 통해 한 단계 성장했음을 인지하고 나아가기 위해 애쓰게 된다.

아줌마에게도 그런 의식이 필요하다. 남편 혹은 다른 사람에게 의지해 마냥 아이처럼 살고 있다면, 버려야 할 습관들을 끌어안고 살고 있다면, 과거라는 쓰레기통을 뒤지며 상처에 집착하면서 살고 있다면 졸업식이 절실하다.

수업 중 무엇을 졸업하고 싶으냐고 물으니 남편 이름을 적는 아줌마가 있었다. 이혼을 말하는 것이 아니다. 남편과의 불평등한 관계에서 벗어나겠다는 의미다. 잘못된 관계, 더는 머물러 있지 말아야 할 것 혹은 변명들과의 졸업도 좋다. 졸업해야 할 것들의 목록을 다 적은 뒤 추려 내 보자. 글을 쓰다 보면 싫다면서 벗어나지 못하는 것들이 보이고 그 이유 또한 명확해진다. 서술형으로 적어도 되고 목록으로 만들어도 좋다. 자신의 졸업식을 상상하며 솔직하게 적어 보자.

 내 인생의 졸업식

더는 남편과 아이의 인생에 매달리지 않겠습니다. 아이가 '엄마는 엄마 인생도 없어? 왜 나한테 집착해. 답답해 죽을 것 같아!'라고 하는 순간 눈물이 핑 돌았습니다. 순간 분한 마음이 들었지만, 마음을 가라앉히고 생각해 보니 열심히 살긴 했지만 지금껏 내 인생에 내가 없었다는 생각이 들었습니다.

오늘은 남의 인생에서 졸업하는 날입니다. 남편과 아이로부터 멀어진다는 뜻은 아닙니다. 앞으로는 가족들과 나란히 나의 길을 걸어가겠습니다. 가족밖에 모르는 엄마, 아내를 졸업하고 멋진 아줌마 '○○○'으로 살겠습니다.

의식이라고 해서 꼭 거창할 필요는 없다. 노트를 펴 글쓰기를 시작하면 된다. 글이 정리되면 또박또박 읽어 내려가자. 그런 뒤 종이를 불에 태우거나 잘게 찢어 버려도 된다. 졸업식이라는 의미를 가지고 분명한 의식을 치르면 된다. 버리고 새롭게 시작하고 싶은 것들이 많을수록 입학식은 풍성해진다.

이제 입학식이다. 입학식에서는 내 인생의 대표 선수로 어떤 인생을 살겠노라 적고 공표하면 된다. 가능하다면 주변 사람들과 함께하는 것도 좋다. 여럿이 모여 서로의 졸업식과 입학식에 손님이 되어 주고, 새 출발의 증인이 되어 주면 힘이 난다.

Action 4-2 내 인생의 입학식

예시

나는 50세에 여행 작가가 되기 위해 입학식을 합니다. 앞으로 10년간 열심히 내 일을 하면서 책도 읽고, 글도 쓰고, 여행도 다니겠습니다. 그리고 10년 후 오늘 첫 책을 내겠습니다. 일주일에 한 번은 도서관에 가서 책도 빌려 보고, 책을 사는 데도 돈을 아까워하지 않겠습니다. 적어도 하루에 1시간 이상은 글을 쓰기 위해 책상에 앉겠습니다. 작가가 되기 위한 준비를 성실히 하겠습니다. 그동안은 이런저런 이유로 주저했지만, 그동안 세운 여행 계획들을 하나씩 실천으로 옮기겠습니다. 꿈은 이루기 위해 존재합니다. 10년이라는 시간이 멀게 느껴질 수도 있지만, 결코 긴 시간은 아닙니다. 변명하지 않는 삶을 살도록 노력하겠습니다.

글에는 자신을 이끄는 강력한 힘이 있다. 글로 써서 남기는 것과 생각으로만 그치는 것에는 대단히 큰 차이가 있다. 막연하게 꿈만 꾸는 것보다는 글로 쓰는 편이 백배 낫다. 우리의 뇌에는 스캐너가 있어 일단 적고, 읽고 나면 그대로 저장한다. 그다음은 뇌가 기억하고 끊임없이 실행하도록 자극을 줄 것이다.

24시간 힘을 주는 긍정 수첩 만들기

책을 읽다 보면 공감 가는 부분, 좋은 말 등에 밑줄을 긋게 된다. 접어 두거나 눈에 띄는 색으로 칠해 두는데 어떤 부분은 별표까지 붙여 꼭 기억하려 한다.

문제는 책을 덮고 책장에 꽂으면 금세 잊힌다는 것이다. '잊지 말아야지' 했던 부분까지 기억에서 사라진다. 그런 경험이 있다면 책장을 펼쳐서 소중한 글귀들을 찾아 적어 보자.

Action 4-3   **가슴을 파고드는 좋은 말**

좋은 말을 반복하는 방법은 단순하지만 각종 질병 치료에 놀라운 효과가 있다고 한다.

머리로만 읽는 것에는 한계가 있다. 글로 쓰고 소리 내어 반복해서 읽으면 몸에 배게 된다. 몸으로 익힌 것은 쉽게 잊히지 않는다. 독서량이 많지 않다면 인터넷 등에서 본 명언들을 찾아 적어도 된다. 그리고 앞으로 읽는 책들부터는 정리하겠다고 마음먹자. 기억하고 싶은 부분을 적어 두는 습관을 들이자.

만약 여러 사람과 함께 이 책을 읽으며 글쓰기를 하고 있다면 자신이 찾은 명언들을 다른 사람들의 수첩에도 돌아가면서 적어 주자. 그러면 무엇과도 바꿀 수 없는 '나를 위한 긍정 메시지'가 수첩에 가득 채워질 것이다.

다음 칸에는 지금 읽고 있는 이 책에서 마음에 새기고 싶은 구절들을 찾아 적어 보자. 왜 그런 마음이 들었는지도 현재 자신의 상황과 연결 지어 써 보자.

마음에 담고 싶은 구절	이유

때로 한 구절, 한 문장이 사람을 강하게 만든다. 시련 앞에서 지푸라기 역할을 하기도 하고, 살아갈 힘을 주기도 한다. 긍정적인 생각은 누가 혹은 어떤 상황이 만들어 주는 것이 아니다. 힘을 주는 좋은 글귀들을 읽으며 스스로 파랑새를 찾으려 할 때 생긴다.

나 역시 시련이 왔을 때 작은 수첩을 사서 정리를 시작했다. 책장에서 책을 꺼내 접힌 부분, 밑줄 그은 부분을 찾아 다시 읽어 보고 정리했다. 그러면서 어떤 구절은 수첩에 적는 것 외에도 손바닥에 적어 줄줄 외우기까지 했다. 그러다 보니 '숱한 고비를 넘어 여기까지 왔는데 이정도 쯤이야' 하는 자신감이 되돌아왔다. 나는 지금도 그때 만든 '긍정 수첩'을 간직하고 있다.

특히 낮은 자존감 때문에 고민하고 있는 사람, 우울을 견디고 있는 사람, 꿈은 있지만 '내가 할 수 있을까?' 하며 불안해하는 사람이라면 꼭 실천으로 옮겨 보자. 어려움을 극복하는 자산이 된다. 허튼 생각에 사로잡힐 때도 이보다 좋은 명약이 없다. 이것들은 역경 속에서 꿈을 굳히는 역할도 한다. 목록을 작성해 하루에도 몇 번씩 처음부터 끝까지 반복해 가며 읽어 가자.

섹시한 속옷 대신 운동복을 사라

기대 수명이 점점 늘어나고 있지만, 문제는 아프지 않고 살 수 있는 건강 수명과는 비례하지 않다는 데 있다. 통계 자료를 보면 평균 10~15년 정도는 병으로 고생한다고 한다. 기대 수명만큼 병원 신세를 지게 된 셈이다. 노후 계획을 아무리 잘 세운다고 해도 마음껏 활동할 수 없을 수 있다는 이야기다. 인생 후반기 계획을 착실하게 세웠다고 해도 건강이 받쳐 주지 않으면 말짱 도루묵이다. 집에서든 병원에서든 홀로 갇혀 지내야 한다.

그럼에도 아줌마들은 운동복보다는 섹시한 잠옷이나 속옷에 관심이 더 많다. 물론, 자신이 여자임을 잊지 않고 사는 것은 무척 중요하다. 문제는 다른 사람들의 이목 때문에 외적인 것을 지나치게 신경 쓴다는 것이다. 지금껏 남편과 아이에게 자신의 인생을 쏟으며 살았는데 속옷, 피부과, 성형외과에만 붙들려 자신의 소중한 시간을 낭비해야 할까.

흔히 운동의 목적을 다이어트라고 생각하기 쉬운데 꼭 그렇지만은 않다. 주변에 보면 자기 인생을 멋지게 사는 여자일수록 운동도 열심이다. 꿈을 지탱하는 근력과 지구력을 키우기 위해서다. 꿈을 이루려면 계획과 실천도 필요하지만, 건강이 먼저 준비되어야 한다. 꿈이 있어도 다리에 힘이 풀리면 할 수 없음을 명심하자.

Action 4-5 　당신이 운동을 하는 이유(해야 하는 이유)

하루 혹은 일주일 단위로 운동 계획표를 짜 보자.

Action 4-6 　앞으로의 운동 계획

시간/요일	활동

운동복을 산다는 것은 상징적인 의미를 갖는다. 꿈을 위한 기초 체력을 기르고, 신체 나이에 관계없이 정신적으로 건강하게 살겠다는 결심을 포함한다.

아이 교육비에는 지갑을 쉽게 열지만, 자신을 위한 운동은 사치라고 생각한다면 노년의 삶을 떠올려 볼 것을 권한다. 늙어서 남겨 놓은 재산마저 병원에 탈탈 털어 줄 생각이 아니라면 지금부터 투자하자. 꿈을 계획하듯 건강을 위한 운동 계획도 필수다.

세상에는 헬스나 요가, 수영, 에어로빅 외에도 새롭게 배우고 도전해 볼 운동들이 엄청나게 많다. 새로운 운동은 짜릿한 경험과 삶의 활력을 불러일으킨다. 시기마다 새롭게 배우고 싶은 운동을 적어 보자.

나이/시기	운동

　나는 마흔부터 태권도, 합기도, 유도 등 도복을 입는 운동을 시작하기로 계획했다. 예전에 아이와 함께 국기원에 갔을 때 할머니 시범단 공연을 본 적이 있다. 젊은 사람들이 하는 공연처럼 박력이 넘치지는 않았지만, 그 나이에 잃기 쉬운 열정을 보았다. 그리고 집에 돌아와 꿈의 목록을 펼쳐 '할머니 시범단 되기'라고 적었다.

　그러던 어느 날 집 앞에 유도장이 생긴 것을 보았다. 성인을 대상으로 하는 곳인데, 나를 제외하고는 모두 남자들이었다. 순간 '그들과 연습하고 시합해야 하는데 할 수 있을까?' 하는 걱정이 앞섰다. 그러다 '이것저것 다 따지면 선택의 폭은 줄어든다'라는 생각에 회비를 내고 시작했다. 그로부터 며칠 뒤, 내 이름이 큼직하게 박힌 도복을 받고 감동했다. 요즘도 가능하면 빠지지 않고 매일 운동을 가려 한다. 지금껏 해 오던 운동과는 또 다른 경험이다.

쉰 이후부터는 실내 암벽 등반을 배울 생각이다. 그 후로는 5킬로미터의 마라톤부터 시작해 하프 마라톤 등에 도전해 볼 생각이다. 꿈을 꾸고 이루면서 재미있게 살려면 끊임없이 도전할 수 있는 운동을 찾아야 한다.

Tip. 운동과 친해지기

- **운동에 대한 생각의 전환 :** 운동을 너무 거창하게 생각하지 말자. '운동＝고통을 이겨 냄＝다이어트＝날씬한 나'의 공식을 깨야 한다. 만약 운동하러 가는 곳이 헬스장이라면 '운동＝드라마 보기'라고 생각하자. 운동을 하기 위해서는 운동하러 가는 습관이 먼저다. 그러려면 고통보다는 즐거움이 먼저 떠올라야 한다. 나 역시 운동에 대한 강박을 버리고 그저 걸으며 드라마 한편 봐야지 하는 심정으로 매일 헬스장에 가게 된 것이 지금까지 이어졌다.
- **길게 보자 :** 요 며칠 운동 다녔다고 체중계 위를 올라갔다 내려갔다 하지 말자. 호흡을 길게 가져라. 어차피 인생은 길다. 꾸준한 운동으로 몸을 탄탄하게 만들어 건강하게 사는 것을 목표로 하자. 그러면 조바심에서도 벗어날 수 있고 급격히는 아니지만 점차 체중도 빠진다. 지방은 가볍고 근육은 무겁기 때문에 운동으로 인한 근육량 증가로 일시적인 체중 증가 현상이 있을 수도 있으니 체중계에 집착하지 말고 달라지는 자신의 건강 상태에 집중하자.

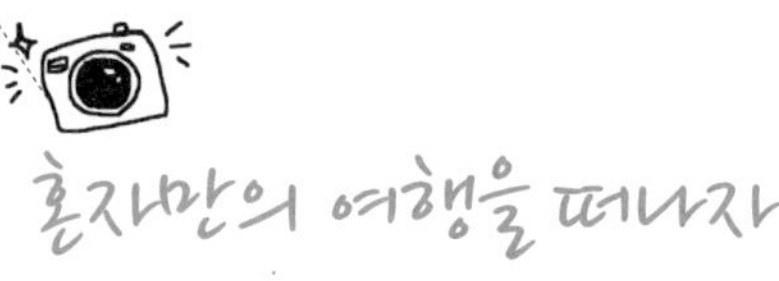

혼자만의 여행을 떠나자

아줌마들은 달라지길 원하면서도 막상 시간이 나면 이 사람, 저 사람과 만나 커피를 마시고, 밥 먹는 일로 시간을 때운다. 그러면서 남다른 인생을 사는 듯한 사람을 보면 겉만 보고 '팔자가 좋아서', '돈이 많아서', '시간이 많아서'라고 폄하한다.

남다른 인생을 사는 아줌마들의 삶을 자세히 보면 자신을 위해 의도적으로 다른 선택을 해 왔음을 알 수 있다. 아이가 크면 팔자 좋은 삶이 뚝 떨어질 것이라고 생각하며 시간을 낭비하지 않았다.

"현재의 삶이 달라지기 원할 때, 우리가 해야 할 일은 다른 선택을 하는 것뿐이다." – 데비 포드, 《질문에 답할 수 있다면 내 삶은 괜찮은 것이다》 중에서

남들과 다른 삶을 살기 원한다면 선택도 달라져야 한다. 혼자만의 여행도 그런 맥락에서 출발한다. 아줌마들 중에는 막연히 어딘가로 떠나고 싶어 하는 사람이 많다. 답답할 때마다 버릇처럼, 이룰 수 없

는 꿈처럼 이야기한다. 그런데 막상 다녀오라고 하면 아이, 남편, 직장, 돈, 안전 등의 핑계를 내세워 뒤로 숨는다.

아줌마들에게 혼자만의 여행이 필요한 이유는 아내, 엄마에서 자신을 분리할 시간이 필요하기 때문이다. 나는 신혼 때부터 결혼 10주년에는 혼자만의 여행을 떠나겠다고 말했다. 주변에서는 결혼 10주년이면 가족과 함께 떠나는 것이 맞지 않느냐고 했고, 대부분 그렇게 하는 듯했다.

하지만 내 생각은 달랐다. 10년 동안 아내로서, 엄마로서 열심히 살았으니 나만을 위한 휴가가 필요하다고 생각했다. 아내, 엄마로 10년쯤 살면 나를 잊기 쉬워진다. 그쯤 되면 자신의 삶을 돌아볼 필요가 있다. 결국, 나는 결혼 11주년에 스스로 한 약속을 지켰다. 아이들에게는 출장을 간다고 말했다.

"엄마는 회사도 안 다니는데 무슨 출장이에요?"

"엄마도 출장이 필요해. 새로운 것을 보고, 느끼고, 채우고 와야 더 좋은 엄마가 될 수 있어."

지금도 혼자 여행을 갈 때마다 출장을 간다고 말한다. 떠날 때는 긴장과 낯선 곳에 대한 두려움이 가득 하지만, 막상 가고 나면 두려움이 삶의 용기와 활력으로 변해 있다. 떠날 때는 모르지만, 돌아오면 무엇을 얻었는지 선명해진다.

그럼에도 아줌마들이 쉽게 용기를 내지 못하는 이유는 의지가 쉽게 꺾이기 때문이다. 전래 동화 〈선녀와 나무꾼〉만 보아도 그렇다. 사슴이 나무꾼에게 아이를 세 명 낳기 전에는 선녀에게 옷을 주지 말라고 한 의미가 무엇이겠는가. 아마 그쯤 되면 도망갈 의지가 꺾인다고 생각한 것이 아닐까. 자신을 위한 마음이나 열정은 사라지고 '그냥 살자' 하는 때, 새가슴이 되어 세상 밖으로는 혼자 나가기 두려운 때 말이다.

해 본적이 없어서 망설이고 있다면 누구든 처음부터 시작함을 기억하자. 세상 그 누구도 두 번째, 세 번째부터 시작하지 않는다. 두렵지만 도전하면서 경험자가 된다. 인생을 재미있게 사는 사람들은 '처음'을 많이 경험한 사람들이다. 두려움은 다가가는 사람에게만 실체를 보여 준다. 그리고 가서 보면 그 실체는 보잘 것 없고, 아무것도 아닌 허상에 불과하다.

나만을 위한 여행 계획서를 써 보자. 당장 떠날 수는 없더라도 계획이 있으면 기대감이 생기고 마음이 부푼다. 그러려면 먼저 목적지를 정해야 한다. 가고 싶은 곳이 없거나 어디를 가야 할지 모르겠다면 책이나 인터넷을 참고하자. 다른 사람들이 간 길을 마음속으로 따라가 보자. 가고 싶은 곳이 생길 것이다. 그들과 같은 경험을 해 보고 싶은 마음이 든다.

목적지가 정해지면 그곳에 대한 정보를 모으고 하나씩 계획해 보자. 그러다 보면 결심이 설 것이다. 여행이란 아는 만큼 보이고 계획만큼 알차진다.

여행지	
이유	
걱정	
용기	
참고 서적	

'걱정'에는 가지 못하게 막아서는 것들에 대해 쓰자. '용기'에는 그
럼에도 불구하고 자신에게 용기를 주는 말들을 쓰자. (혼자만의 여행이 정
두렵다면 비행기와 숙소를 제공해 주는 자유 여행 패키지 상품 등을 이용해도 좋다.)

이어서 '상상으로 쓰는 여행 일기'라는 제목으로 한 편의 글을 써
보자. (구체적인 날짜, 짐을 싸는 모습, 공항에서 가족과 헤어지고, 낯선 곳에 내렸을 때의
첫 느낌, 여행지에서 만난 사람들, 혼자만의 시간에 대한 감상, 돌아와서 느낀 생각 등 상상
력을 동원해 자세하게 써 보자)

Action 4-9 **상상으로 쓰는 여행 일기**

여행의 시기는 각자의 상황에 맞게 정하면 된다. 여기서 중요한 것은 의도적으로 다른 삶을 살기 위해 계획하는 일이다. 계획이 세워지면 가족들에게 수시로 말해 주자. 그러면 처음에는 '무슨 여행?' 하다가 '언제 떠나?' 하고 물을 것이다. 그러기 위해서는 구체적인 여행 계획이 필요하다. 나 역시 여행 계획을 짜고, 글로 적고 그 계획을 가족들에게 말해 준다.

떠나 보면 혼자만의 여행에 푹 빠지게 된다. 혼자만의 시간을 가져본 사람은 일상의 사사로운 감정 중독에서 벗어날 수 있다. 남의 눈치만 보며 거추장스럽게 끌고 다니던 감정의 끈도 쉽게 끊을 수 있다.

처음 사는 서른 인생, 모방으로 완성해 가자

인생의 롤 모델을 찾기란 쉽지 않다. 주변에 그런 사람이 있고 꾸준히 관계를 맺고 있다면 좋겠지만, 대개는 찾아보기 힘들다. 그래서 대부분 책 혹은 신문, 텔레비전을 통해 찾는다.

성공한 아줌마들을 보면 남의 시선보다는 본인의 의지와 열정에 따라 움직인다. 바쁘게 지내면서 돈도 많이 벌고 육아 및 교육까지도 잘하고 있는 것처럼 보인다.

여기서 중요한 것은 롤 모델의 모든 점을 배우라는 것이 아니다. 자신의 상황에 맞는 부분만 골라 배우면 된다. 롤 모델을 세분화하는 것이다. 정신적인 측면, 육체적인 측면, 좋아하는 일, 하고 싶은 일, 본받고 싶은 용기 있는 행동 등으로 나눠서 생각하자.

그런 뒤 롤 모델 선정의 이유를 적고 사진과 함께 늘 볼 수 있는 곳에 붙여 두자. 롤 모델의 발자취를 따라 비슷하게 걷다 보면 오늘보다 더 나은 내일을 살 수 있다.

사진

- 롤 모델 선정의 이유를 적고, 본받을 점 요약하기
- 기사 등을 스크랩해서 붙이기

예시

오현숙

1년 9개월 동안 50개국을 다닌 경험을 바탕으로 《평생 꿈만 꿀까, 지금 떠날까》를 펴냈다. '보통 아줌마의 세계 일주 여행'이라는 부제처럼 그녀는 보통 아줌마다. 하지만 여행이 그녀를 보통 아줌마가 아닌 다른 사람으로 만들었다. 긴 시간 홀로 여행을 했고, 책까지 냈으니 더는 보통 아줌마가 아니다. 누구나 꿈꾸지만 쉽게, 이루지 못하는 세계 일주의 꿈을 이뤘다. 부자라서가 아니다. 그녀는 아들 군대 가는 시기에 맞춰 살던 집은 월세로 주고 그 돈을 보태서 떠났다. 책을 읽다 보면 어디서 저런 용기가 나오는지 궁금해진다. 그녀의 용기와 실천력에 감탄이 절로 나온다.

자신에게 맞는 롤 모델을 찾아라. 롤 모델을 찾으려면 인물에 대한 관련 기사나 책, 강연 등 다양한 정보를 접해야 한다. 같은 인물이라도 보는 관점에 따라 본받고 싶은 점이 사람마다 다를 수 있다.

인생에서 롤 모델은 꼭 필요하다. 처음 사는 인생은 누구나 서툴기에 누군가를 모방하면서 자기 것으로 만들어 가야 한다. 시행착오를 줄이기 위해 나침반과 같은 역할을 해 줄 대상을 찾아야 한다. 모든 것은 의지에 달려 있다. 자신의 부족한 점을 채워 줄 롤 모델을 지금부터 적극 나서서 찾아보자.

진정으로 원하는 꿈은 'Why'에서 출발한다

아이가 자라 시간적 여유가 생기면 일을 찾아 하고 싶어 하지만, 단절된 경력으로 할 수 있는 일을 찾기란 쉽지 않다. 결국, 자격증을 따기 위해 3개월 혹은 6개월 과정에 등록한다.

처음 얼마 동안은 무언가를 다시 배운다는 것 자체에 신나고 설렌다. 같은 관심사를 가진 아줌마들과 만나 활력도 찾는다. 그러다 과정이 끝나 갈수록 기운이 빠진다. 배울수록 어렵기도 하고 취업도 쉽지 않다. 그러면서 '이 길은 내 길이 아닌가 봐', '돈만 버리고 이게 뭐한 건가' 하는 자책을 하게 된다.

현장에 나가서도 마찬가지다. 몇 달 견디지 못하고 그만둔다. 생각보다 힘들기도 하고 적성에도 맞지 않는 것 같다는 생각이 든다. 자격증만 따면 남들처럼 달릴 수 있을 것이라고 생각했는데 쉽지가 않다.

당신에게도 그런 경험이 있었다면 스스로 질문해 보자. 왜 그 일을 하려고 했는가. 혹시 남들이 좋다고 하니까, 앞으로 전망이 있는 직업이니까, 보수가 좋아서, 일이 쉬워 보여서 등의 이유로 그런 선택을 한 것은 아닌가.

《프레임》은 질문의 중요성을 강조한다. 어떤 사람은 상위 프레임을, 어떤 사람은 하위 프레임을 가지고 사는데 그 결정적인 차이를 만드는 것이 바로 질문이란다. 상위 프레임을 가진 사람들은 'Why'라고 질문한다. 이 일이 왜 필요한지부터 생각한다. 그런 뒤 이유와 의미를 따져서 목표를 세우고, 비전을 묻는다. 반면, 하위 프레임을 가진 사람들은 'How'라고 질문한다. 그 일이 얼마나 하기 쉬운지, 시간은 얼마나 걸리는지, 성공 가능성은 얼마나 되는지를 따져 결정한다.

어쩌면 당신을 들뜨게 한 그 일이 실패로 돌아간 것은 'How'만 생각했기 때문은 아닐까. 다시 첫 단추를 끼워야 할 때는 'Why'도 같이 고민하길 바란다. 그 일이 다시 시작하는 인생에 어떤 출발점이 될지 의미를 따져 보기 바란다.

'시작이 반'이라는 말도 있듯이 시작은 매우 중요하다. 같은 일을 하더라도 'Why'를 품고 있느냐 'How'를 품고 있느냐에 따라 큰 차이가 생긴다. 어떻게 살아야 하는지에 대한 진지한 고민 없이 삶이 무언가를 해 줄 것이라 믿고 기대하기만 해서는 한 발자국도 나아갈 수 없다.

직업이 되고, 경력으로 이어지는 일을 찾으려면 먼저 진지하게 고민해야 한다. 몰입할 시간이 충분한지, 나에게 정말 맞는 일인지, 내 꿈의 방향과 일치하는지 등을 따져 봐야 한다. 그런 다음에 도전해도 늦지 않는다. 무언가를 배워서, 공부해서, 자격증을 따서 시작하겠다고 마음먹기 전에 내가 정말 원하는 일인지를 깊이 고민해 보자.

그러려면 이전과 달라진 자신에 대해 알아야 한다. 당신은 이전의 모습과는 달라져 있다. 변한 자신의 모습을 감지하고 정리해 보는 일은 매우 중요하다. 신체적인 변화부터, 마음의 변화까지 자신을 중심으로 써 보자.

Action 4-11 | **변한 나의 모습**

결혼 전	
결혼 후	

달라진 관심사도 적어 보자.

결혼 전	
결혼 후	

거의 모든 관심사가 나에게서 가족으로 넘어갔을 것이다. 사회를 보는 눈도 정치에서 보육 정책, 교육 정책 등으로 관심이 쏠리고, 경제관도 바뀌었을 것이다. 그럴 때는 변한 자신을 머리로만 생각하지 말고 구체적으로 어디가 어떻게 달라졌는지 글로 적어 보자. 변한 자신을 아는 것은 매우 중요하다. 그래야 출발선에 제대로 설 수 있다.

관심사와 계획하는 일이 일치한다면 다음의 열 가지 질문해 답해 보자. 비즈니스를 시작하려 할 때 작성하는 비즈니스 모델 캔버스Business Model Canvas를 아줌마들의 상황에 맞게 정리 및 변형하였다. 각자가 하고 싶은 일을 적은 뒤, Action 4-14의 질문에 답해 보자.

Action 4-13   **하고 싶은 일**

Action 4-14   **일을 시작하기 전에 생각해야 하는 열 가지 질문**

❶ 그 일을 할 때 집안일을 도와줄 사람은 누구인가?

❷ 아이는 어떻게 시간을 보내게 할 계획인가?

❸ 아이가 아플 때 혹은 갑자기 찾을 때 해결 방법이 있는가?

　도와줄 사람은 누구인가?

❹ 그 일은 누구를 상대하는 일인가? 상대하는 사람에 대해 잘 알고

　있는가? 평소 관심 분야인가?

❺ 준비 비용, 수익, 지출 등이 상세하게 계산되어 있는가?

❻ 출근과 퇴근은 몇 시인가? 야근 혹은 주말 근무가 있을 수도 있는가?

❼ 당신은 왜 그 일을 하려고(배우려고) 하는가?

❽ 당신은 그 일을 하는 데 필요한 어떤 장점을 가졌는가?

❾ 그 일을 통해 무엇을 얻을 것인가?

❿ 그 일이 자신의 발전, 비전과 맞아떨어지는가? 가정뿐 아니라

　사회에 도움이 되는 일인가?

　몇 년 전의 나 역시 이 질문들에 답을 적어 넣었다. 어떤 일은 비용 부담을 고려하지 않았고, 어떤 일은 몰입할 시간이 더 필요한데 아직 준비가 되지 않았다. 또 어떤 일은 내가 원하기보다는 남들의 시선을 의식해 하려는 일이기도 했다. 여러 번 쓰고 지우면서 내가 가장 잘하는 일, 싫증 내지 않고 꾸준히 할 수 있는 일을 찾다 보니 결론이 났다.

　'작가를 하자'고 결심한 뒤 앞의 1~10개의 질문에 답을 하는데 막힘이 없었다. 글을 쓰면서도 작가는 먼 나라 이야기라고만 생각했는데, 쓰면서 정리해 보니 그렇지 않다는 생각이 들었다. 등단한 사람만

이 작가를 할 수 있는 것은 아니었다. 그래서 그동안 써 왔던 글들을 정리해 탈고한 뒤 출판사로 보냈다. 나의 첫 책《아줌마 당신은 참 괜찮은 사람입니다》는 그렇게 세상에 나왔다. 그러니 뭔가를 시도하기 전에는 자격증부터 따려고 하지 말고 스스로에게 먼저 질문해 보자.

"우리에게 필요한 일은 없는 것들을 만들어 내는 것이 아니라 이미 존재하는 것을 자신의 내면으로부터 부단히 개발하고 찾아내는 일이다. 그것도 적당한 수준에 만족할 것이 아니라, 자신의 역량을 최고도로 발휘해 보는 것이다. 우리는 누구나 성공할 수 있다. 누구나 행복해질 수 있다. 자신이 가진 역량의 단 몇 퍼센트를 개발하는 것만으로 당신은 변화할 수 있다" – 맥스웰 몰츠, 《맥스웰 몰츠 성공의 법칙》의 역자 공병호 옮긴이의 말 중에서

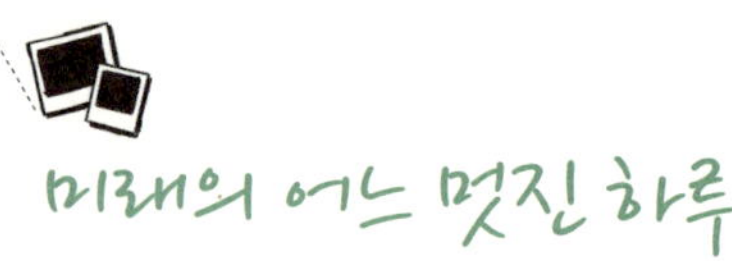

미래의 어느 멋진 하루

자신이 꿈꾸는 삶, 되고 싶은 사람을 상상하며 그 일상을 생생하게 그려 보자. 저마다 꿈꾸는 삶이 있을 것이다. 꿈꾸는 일상은 가상이지만, 실제처럼 느껴지도록 호칭을 '나'로 써 보자.

Action 4-15　미래의 어느 멋진 하루

예시

　새벽부터 차를 몰고 강연회 장소로 갔다. 시작까지는 30분 정도 시간이 남아 차분히 원고를 살핀다. 오늘 강연 주제는 직장인을 대상으로 한 대인 관계에 대한 내용이다.(……) 강연을 마치고 나가는데 청중 중 한 분이 오셔서 감사 인사를 전해 주셨다. 힘들지만 이런 보람이 있어 전국을 다닐 수 있다. 오후에도 다른 강의가 있어서 서둘러 차를 몰았다.(……) 정신없이 강연을 마치고 보니 시곗바늘이 6시를 향해 있었다. 사람들에게 에너지를 불어넣는 일이 에너지 소모는 크지만, 늘 꿈꾸어 왔던 일이고 남들에게 꿈을 주는 일이라 한시도 게을리 할 수가 없다. 차를 몰고 집으로 가는 길에 휴게소에 들러 커피를 샀다. 집에도 전화를 걸었다. 다시 출발이다.(……) 아이들이 잠든 모습을 보고 컴퓨터를 켠다. 다음 주에 있을 강연 원고를 쓰기 위해서다. 남편이 따뜻하게 데운 우유를 내밀며 책상 앞에 앉는다. 나도 잠시 컴퓨터를 끄고 대화에 집중한다. 따뜻한 우유 한 잔이 피곤을 녹여 준다.

　다 적은 뒤 처음부터 끝까지 읽어 보자. 어쩐지 가슴이 설레지 않는가. 생생하게 쓸수록 설렘은 커진다.

한 가지 꿈만으로는 평생 살 수 없다

꿈에 대해 글쓰기를 해 보면 보통 세 그룹으로 나뉜다. 첫 번째 그룹은 학창 시절부터 목표를 정해 한눈 한번 팔지 않고 열심히 공부해 꿈을 이룬 경우다. 두 번째 그룹은 꿈과는 일치하지 않지만, 직장 생활을 하다가 결혼 후 일을 그만두고 아이를 키우며 새로운 꿈을 꾸는 경우다. 세 번째 그룹은 꿈을 펼칠 새도 없이 바로 결혼해 이제 무언가를 시작하려고 고민하는 경우다. 이 세 그룹 모두 꿈을 적으라고 하면 어려워한다.

첫 번째 그룹은 꿈을 다 이루었다고 생각해 더는 꿈에 대해 고민하지 않는데, 그때 나는 이렇게 묻는다.

"한 가지 꿈만으로 평생을 사실 건가요? 다음 꿈은 없나요?"

그러면 그제야 꿈에 대해 고민한다. 두 번째, 세 번째 그룹은 나이를 고려해 꿈의 수위를 조절하며 차선책을 찾느라 고민해서 그렇다.

요즘은 한번 꿈 꾼으로 평생을 살 수 있는 시대가 아니다. 우리 부모님 세대와는 다르다. 기대 수명이 늘어났고, 한 가지 직업만으로는 정년을 기대하기가 어려워졌다. 통계청의 조사에 따르면 우리나라 근로자의 평균 퇴직 연령이 52.6세다.(2014년 기준) 그러니 꿈을 이루었든, 좋은 직장에 다니든, 지금 꿈을 꾸기 시작했든 누구나 다시 시작할 준비를 해야 한다.

당신의 꿈은 무엇인지, 언제부터 꾸기 시작했는지, 왜 그 일을 하고 싶은지 등을 다음 칸에 자세하게 적어 보자.

Action 4-16 나의 꿈

여기에 전제 조건을 하나 더 붙여 보자. 만약 성공을 보장받는다면 당신은 어떤 꿈을 꾸겠는가. 물론, 여러 시련을 견뎌 이겨 내야겠지만 반드시 성공한다는 보장을 받는다면 어떤 꿈을 꿀 것인가. 그때도 위의 꿈과 동일한 꿈을 꿀 것인가. 곰곰이 생각해서 써 보자. 언제부터 하고 싶었는지, 왜 그 일이 하고 싶은지 등을 자세하게 써 보자.

이제 두 꿈을 비교해 보자. 두 꿈이 일치하는가. 일치하는 사람도 있지만, 대개는 일치하지 않는다. 처음 쓴 꿈은 자신의 능력, 상황, 조건, 나이 등을 고려해 최선보다는 차선을 선택했을 확률이 높다. 반대로 두 번째 꿈에는 성공을 보장받았기에 최선을 선택한다.

두 꿈이 일치하지 않는다면 곰곰이 생각해 보자. 꿈을 놓고 차선을 선택하는 것이 과연 옳은지. 꿈을 놓고 적당히 현실에 타협하고, 재단하고, 자신의 능력에 한계를 정하고 시작하는 것이 옳은지 말이다.

어떤 아줌마는 첫 번째 꿈에 유치원 원장님, 두 번째 꿈에는 가수라고 적었다. 그래서 차선을 선택한 이유가 무엇인지, 전부터 꿈꿔 왔지만 시도조차 하지 못했던 꿈을 꺼내면 안 되는 이유를 생각해 보라고 했다. 그랬더니 다음 수업 때는 꿈을 수정해 왔다. 가까운 미래에는 유치원 원장을 하고, 60세 이후는 노래 강사가 되기로 했다. 그러면서 글쓰기를 통해 가까운 미래, 먼 미래를 생각하게 됐으며 자신이 잘하는 것에 대해 고민했다고 했다. 무엇을 할 때 기분이 좋아지고, 에너지가 생기는지 알았다고 했다. 이후 노래 강사가 되려면 무엇을 준비해야 하는지 알아보고, 유치원을 운영하면서 자격증 등에 도전하기로 했다.

이렇듯 글쓰기는 자신이 몰랐던 사실들을 일깨워 준다. 글을 쓰면 무의식을 잘 활용하게 된다. 잠들어 있던 무의식을 깨우고 기억해 두어야 할 것은 오래 간직할 수 있게 된다. 그 사이 생각의 힘이 커지는 것은 당연한 일이다.

끝으로 꿈 강연 원고를 써 보자. 꿈을 이루어 청중 앞에 서서 강연한다고 생각하고 원고를 써 보자. 큰 무대를 설정해도 되고, 작은 모임의 특강을 계획해도 좋다. 상상을 현실로 만들려면 구체적으로 그림을 그려 보는 것이 좋다. 그때 어떤 옷을 입고 있을지도 상상해 보자. 각종 시상식에서 상을 받는 모습을 상상하면서 써도 좋다. 구체적인 날짜도 적어 실제 그날의 주인공이 된 것처럼 써 보자. (글을 쓸 때는 현재 시제로 적는다)

Action 4-18 **꿈 강연 원고**

예 시

여러분, 안녕하세요. 이 자리에 나오기까지 많은 생각이 들었습니다. 사실 제게는 꿈이 없었습니다. 자랑은 아니지만, 아줌마로 살면서 꿈을 잃게 되었습니다. 그러다 보니 우울증 아닌 우울증이 생기기도 했습니다. 어느 날은 누워 있는데 '참, 의미 없게 살다 간다'는 생각이 들어 눈물이 나기도 했습니다. 한참을 그렇게 소리 없이 울다 보니 가슴에서 묵직한 것이 차고 올라왔습니다. 그 길로 더는 이렇게 살지 않겠다고 다짐하며 자원봉사 센터에 등록해 봉사를 다녔습니다. (……) 일을 하다 보니 좀 더 체계적으로 배워 실천하고 싶은 생각이 들었습니다. 그래서 사이버 대학교 사회 복지학과에 진학하게 되었고 이제 졸업을 앞두고 있습니다. (……) 저는 이 일을 하면서 많은 것을 얻었습니다. 남들은 제가 선행을 한다고 하지만, 제가 얻는 것이 더 많습니다. 우울증도 치료되었고, 늦었지만 그렇게 소원하던 대학에도 진학하고, 모범 시민상까지 받게 되었습니다. 저보다 열심히 일하시는 분들도 많은데 이런 귀한 자리에 저를 불러 주셔서 고맙습니다. 오늘 제 이야기가 이제 봉사를 시작하시는 여러분에게 힘이 되었으면 합니다. 감사합니다.

다른 사람들 앞에서 강연을 한다고 상상하고 글을 쓰면 생각만으로도 가슴이 벅차오른다. 열심히 해서 이루고 싶어진다. 원고를 읽고 같이 나눌 사람이 없다면 거울 앞에 서 보자. 여러 번 읽어 보고 가능하다면 동영상도 촬영해 보자. 강연에 서는 것처럼 옷도 갖춰 입고 실제인 듯 기분도 내 보자. 뇌에 각인된 이런 기억은 당신의 미래를 준비하는 힘으로 작용할 것이다.

Tip. 글이 갖는 힘

"기록은 행동을 지배합니다. 글을 쓴다는 것은 시신경과 운동 근육까지 동원되는 것이기에 뇌리에 더 강하게 각인됩니다. 결국 우리 삶을 움직이는 것은 우리의 손인 것입니다." –호아킴 데 포사다, 데이비드 림, 《난쟁이 피터》

《난쟁이 피터》에 보면 '목표를 적어 두었을 때 나타나는 효과'가 나온다. 목표를 적은 사람과 적지 않은 사람의 차이는 세월이 지난 후 엄청난 격차를 보인다는 것이다. 목표와 꿈을 구체화해서 기록한 사람이 그렇지 않은 사람보다 성공할 확률이 높으며 연봉 역시 높다고 한다.
적을 때마다 머릿속으로 '그게 가능하겠어?', '너무 막연해', '이건 절대 이루어질 수 없을 거야'라고 가능성을 낮게 점치지 마라. 내가 아이들에게 항상 하는 말이 있다. 지금 17살, 12살의 눈으로 세상을 보면 딱 그만큼만 보인다. 그렇기 때문에 그만큼만 계획하고 거기까지가 자신이 할 수 있는 일이라고 못 박는다. 미래는 예측할 수 없고, 지금과 같을 것이라고 생각하기 때문이다.

사람은 열두 번도 더 변한다. 내년에 어떤 일이 생길지, 어떤 시련을 견디고 일어서 있을지, 어떤 조력자를 만나 더 좋은 기회와 방향으로 움직일지 아무도 모른다. 자신을 신뢰하고 열린 마음을 갖자. 현재는 가능성이 적어 보여도 자신이 하고 싶은 일에 최선을 다해 집중해 보자.

80세까지 무엇을 하며 살 것인가?

80세 이후로 산다면 당신은 무엇을 하며 살 것인가. 기대 수명은 점점 늘어나고 있다. 현재 여자는 85.1세, 남자는 78.5세지만 5년마다 1~2년씩 늘어난다는 연구 결과를 참고하면 점점 더 오래 살게 된다.

삶이 30~40년 이상 남았다고 한다면 반드시 계획이 필요하다. 계획 없이 살기에는 너무도 긴 시간이다. 그래서 아줌마들에게《미래자서전으로 꿈을 디자인하라》에 나온 '미래표'를 토대로 80세까지의 '미래 연대표'를 작성해 볼 것을 추천한다.

글쓰기 수업을 하면서 숙제로 내주었더니 다들 일주일 내내 고민만 하고 다 채우지 못했다. 60세까지는 대부분 그럭저럭 쓴다. 아이들은 키우고, 대학 보내고, 결혼시키고, 남편 승진, 본인 승진 등 막힘없이 쓴다.

그러다 60세 이후부터 막막해진다. 막연히 여행 다니기, 손주 돌보기 등이라고 생각만 해 봐서 구체적으로 적으려니 어렵다고 했다. 여행도 길어야 1~2년이고, 손주를 키우는 것도 한정되어 있고, 무엇을 배운다고 해도 시간이 남는다. 수업 중에 다른 사람들이 적은 것을 보면서 이렇게 저렇게 짜깁기해 갖다 붙여도 다 채우지 못한다.

구체적으로 무엇을 하며 살지 고민하지 않았기 때문이다. 보통 60세까지는 열심히 살다가 이후에는 모아 둔 돈이나 쓰고 살면 된다고 착각하는데, '미래 연대표'를 작성해 보면 계획 없이 즐겁게만 살겠다는 생각이 얼마나 어리석었는지 깨닫게 된다. 나이가 들어 생산적인 활동을 하지 않으면 쉽게 우울해진다. 갈 곳도, 오라는 곳도, 반기는 곳도 없으면 심리적으로 위축된다.

사람이라면 누구나 다른 사람과 의미를 주고받고, 도움을 주고받으며 가치 있게 살고 싶어 한다. 이때 계획이 없으면 뒷방 늙은이로 밀려나기 쉽다. 요즘처럼 수명이 늘어난 시대에 진짜 성공한 사람은 60세 이후로도 알차게 사는 사람이 아닐까.

미래 연대표는 현재 자신의 나이부터 작성하면 된다. 예시에는 80세까지만 나와 있는데 그 이후를 추가해 계획해도 좋다. 미래에 대한 고민을 해 보지 않았다면 지금부터 해 보자. 한번에 다 적기란 쉽지 않으므로 매일 조금씩 적어 나가자. 나는 표를 만들어 냉장고에 붙여 놓고 생각이 날 때마다 적지 못한 칸을 채워 갔다.

'가족 이야기'에는 남편뿐 아니라 아이들 것까지 가능한 상세하게 적었다. 당신은 80세까지 무엇을 하며 살 것인가. 정해진 것은 아무것도 없다. 지금부터 정해 가면 된다.

Action 4-19 | 미래 연대표

연도	나이	나의 이야기	가족 이야기	남편 나이	자녀 나이

예시

연도	나이	나의 이야기	가족 이야기	나이	자녀 나이
20**	36	일주일에 한 권씩 독서 운동 시작	부모님 모시고 여행가기 첫째 초등학교 입학 둘째 유치원 입학	38	8/5
20**	37	글쓰기 과정 등록 블로그 개설	아이들과 첫 해외여행	39	9/6
20**	38	파워 블로거 되기 파티 플래너 과정 신청	아파트 입주, 남편 승진	40	10/7
20**	39	혼자 배낭여행 다녀오기 배낭여행 다녀온 글쓰기	부모님 칠순 잔치 둘째 초등학교 입학	41	11/8
20**	40	책 출간하기		42	12/9

중략

연도	나이	나의 이야기	가족 이야기	나이	자녀 나이
20**	79	영어 공부	큰 아들 승진, 남편 건강 검진	81	51/48
20**	80	가족들과의 여행	가족사진 찍기, 남편과 웨딩 촬영	82	52/49

누구도 당신의 인생을 계획해 주거나 대신 살아 주지 않는다. 인생은 스스로 결정하고 앞으로 나아가야 한다. 미래를 향해 용기를 가지고 의도적인 선택을 해 나간다면 미래 연대표에 적은 꿈들은 꿈으로만 그치지 않을 것이다.

글쓰기에는
나를 찾아가는 힘이 있다

여자들의 삶에는 반드시 글쓰기가 필요하다. 여자들은 서른에서 마흔 전후까지 아이들을 키우면서 무척 힘든 시간을 보낸다. 나라는 존재가 점점 사라지는 것 같은데 꼭 집어 무엇 때문이라고 설명할 길이 없다.

'밥하러 이 세상에 왔나?' 하면서도 하루에도 몇 번씩 '뭐 해서 밥 먹지?'하는 자신을 발견하게 된다. 아내, 엄마로만 살지 말아야지 하면서 자신도 모르게 그렇게 살고 있다. 그럴 때마다 '남들도 다 그렇게 살아'라며 자신을 위안한다. 하지만 근본적인 우울감은 사라지지 않는다.

나 역시 그런 시간을 보냈고, 그래서 글을 쓰기 시작했다. 문예창작학과를 졸업하고 한참 동안 글을 쓰지 않지 않았지만, 무의식적으로 다시 글을 써야 할 때임을 깨달았다.

글을 쓰면서 내 문제를 알게 되고, 변명만 늘어놓고 사는 모습을 발견했다. 말로 풀 때는 모르겠더니 글로 풀자 본래의 내가 보였다. '어디서 나를 찾지?', '무엇을 어떻게 해야 내가 될까?' 했는데 방법은 먼 곳에 있지 않았다. 책상 앞에 앉아 조용히 나를 들여다보고 쓰기 시작하면 되는 것이었다.

결혼한 여자를 대상으로 하는 글쓰기 수업을 시작한 이유도 그들 역시 그때의 나처럼 고민하고 있음을 알기 때문이다. 그들은 수업을 통해 자신감 없던 목소리에 힘이 실리고, 천천히 예전의 자신으로 돌아갔다.

그러면서 우울이라는 독, 열등감이라는 독, 낮은 자존감이라는 독도 털어 냈다. 인생에는 사람마다 각자 가꿔야 할 화단이 있음을 알게 되었다. 사랑한다는 이유로 자기 화단을 밟고 앉아 자식과 남편 화단에만 호미질을 하면 자기 인생은 어디서도 찾을 수 없음을 깨닫게 되었다. 엄마, 아내라는 역할에 파묻혀 미처 돌보지 못한 자신의 꿈도 찾아냈다.

지금 그들은 여태까지와는 다르게 살고 있다. 더 이상 아이들에게만 매달리지도 않고, 남편만 바라보지도 않는다. 가족들의 꿈과 자신의 꿈을 '우리'라는 자리에 나란히 놓은 채 살고 있다. 그 결과 어떤 이는 못 다한 공부를 마치기 위해 대학원에 들어갔고, 어떤 이는 '좋은 엄마'라는 막연한 환상 때문에 그만두었던 직장에 다시 나가고, 어떤 이는 수업을 통해 전문 강사의 꿈을 발견하고 소규모 단체에서 강의를 하며 원하는 삶을 살기 위해 노력하고 있다.

　나는 그 수업을, 글쓰기 활동을 고스란히 책에 담으려 애썼다. 이 책이, 글쓰기가 잃어버린 당신을 되찾아 주고 메말랐던 감정과 생각에 생기를 불어넣어 주었으면 좋겠다. 삶의 이유와 목적을 찾아 앞으로 나아갈 힘이 되길, 그래서 당신이 다시 꿈꾸길 간절히 희망한다.

　이 지면을 빌어 박세현 대표님, 이선희 편집자님께 감사 인사를 전합니

다. 덕분에 첫 책이 세상에 나와 작가가 되었고, 두 번째 책을 쓰면서 작가

로 사는 법을 알았습니다.

나는 글 쓰는 여자다

초판 1쇄 인쇄 2016년 4월 29일
초판 1쇄 발행 2016년 5월 6일

지은이 윤숙

펴낸이 박세현
펴낸곳 팬덤북스

기획위원 김정대·김종선·김옥림
편집 김종훈·이선희
디자인 강진영
영업 전창열

주소 (우)03966 서울시 마포구 성산로 144 교홍빌딩 305호
전화 070-8821-4312 | **팩스** 02-6008-4318
이메일 fandombooks@naver.com
블로그 http://blog.naver.com/fandombooks

등록번호 제25100-2010-154호

ISBN 979-11-86404-53-9 13320